志《こころざし》の経営

渡邉和哉

はじめに

「経営は厳しいもの」です。

証券会社にいたこともあり、数多くの会社を見てきましたが、一〇〇〇社の会社があっても、本当に成功するのは、せいぜい三社程度であるというのが正直な実感です。

本書を手に取ってくださった方の中には、起業を目指す人や、現在経営者として戦っている人もいるでしょう。そうした皆様にまず知っていただきたいのは、「経営で成功するのは難しい」という現実です。

「ならば自分には無理だ」とあきらめてほしくて言っているわけではありません。

私はハッピー・サイエンス・ユニバーシティ（以下、ＨＳＵ）で「経営成功学」を教えていますから、「一〇〇〇社のうちの三社」に入るような人材を育てるために、あえてそういう厳しい問いかけをしているのです。

「経営成功学部のテキストを読み、覚えさえすれば、経営で成功できるだろう」という安易な気持ちでは取り組んでほしくありません。「厳しい現実があったとしても、自分が成功者の仲間に入り、世の中を少しでも良くしたい」という覚悟を持ってほしい。そう願ってのことです。

本書で繰り返し訴えており、これだけは腹の底からつかんでほしいことは一点です。「人は、その人が考えている通りの人間」であり、「その人が考えている通りに人生は展開していく」という真理です。これは、幸福の科学の創始者であり、HSU創立者でもある大川隆法総裁が、仏法真理の書籍で繰り返し説かれていいます。アンドリュー・カーネギーやナポレオン・ヒル、ノーマン・ヴィンセント・ピールといった成功哲学の大家《たいか》の方々も、「思い」の持つ〝物理的な〟力について語っています。

ある意味、経営者にとって、思いの力は「すべてのすべて」ではないでしょうか。さらに踏み込んで言うならば、「志の力」こそ、経営を成功させるすべての鍵ではないかと思うのです。そのことを深く腑《ふ》に落としていただくために、拙《つたな》い筆を取りました。

本書で「志」と述べているものは、「自己実現の具体的ビジョン」にとどまるものではなく、「世の中を良くしていきたい。人々のお役に立ち、人生を燃焼させたい。神仏に喜んでいただけるような生き方をしたい」という人生全体としての夢のことです。これを「志」と呼んでいます。

すでに企業経営をされている方にとっては当たり前の内容も多かろうと思いますが、何か一つでも、会社を発展させるヒントをつかみ取っていただければ、筆者としてこの上ない幸福です。

本書を始めるに当たり、「経営成功学」という新しい学問を打ち立て、日々、深い智慧《ちえ》によって経営成功を目指す私たちをご指導くださる大川隆法総裁先生に心より感謝を捧げます。

二〇一九年十月一日　学校法人幸福の科学学園 理事長　渡邉和哉

目次

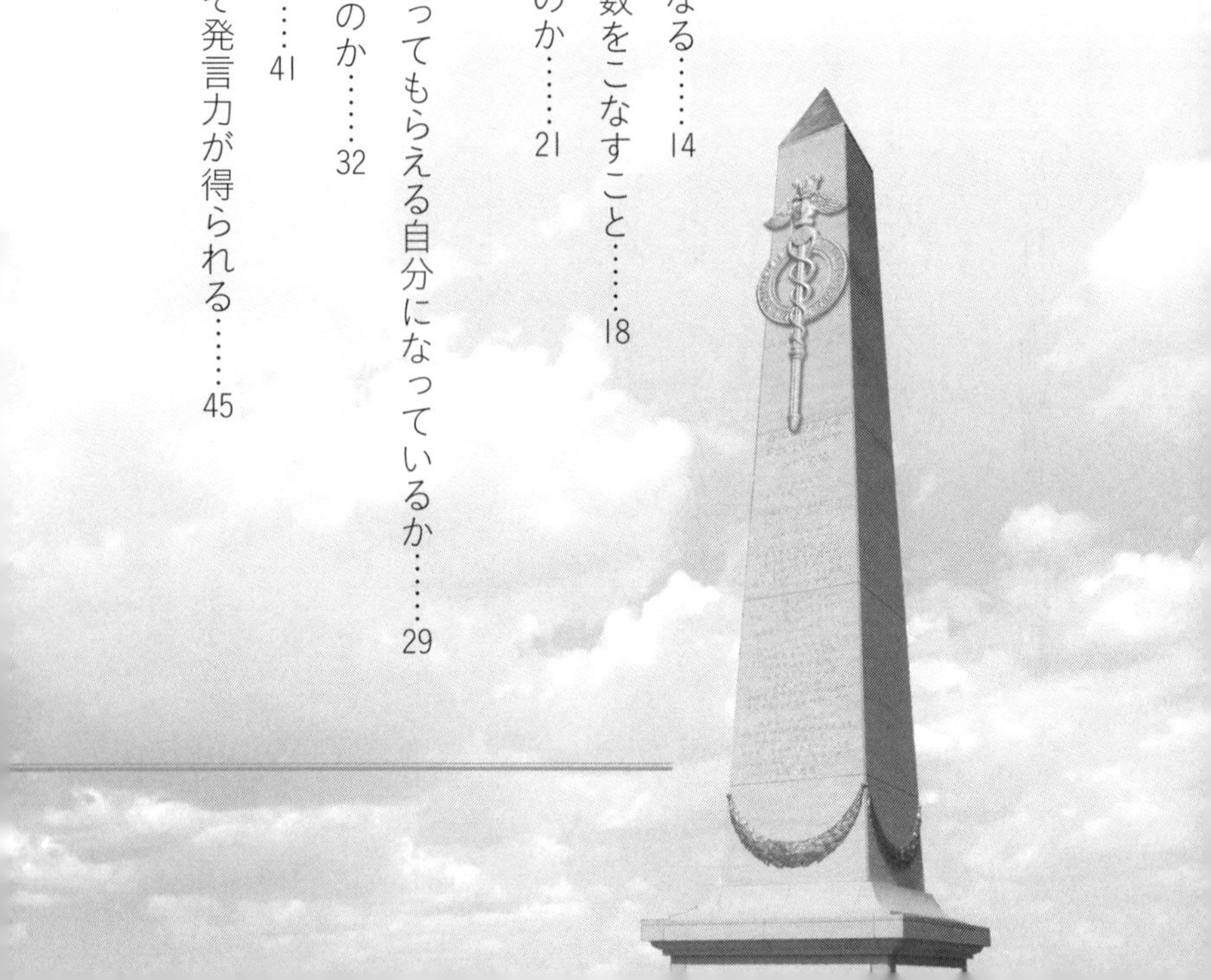

第二章　仕事ができる人間になる

第三章　意思決定ができる人間になる

※文中、特に著者名を明記していない書籍については、原則、大川隆法著となります。

第一章

信頼される人間になる

日本経済新聞を読めるようになる

経営者として成功するために必要なことを論じる前に、「仕事の心構え」について基本を押さえておきます。高度な経営判断をするための方法を会得《えとく》することも大事ですが、その前に「仕事ができる人」になっていなければならないからです。「仕事はできないが、経営判断は鋭い」といったことはあり得ません。

早く経営者として成功したいと願う人ほど、基本をおろそかにしがちです。しかし、本当に成功する人は、たとえ雑巾《ぞうきん》がけであっても手を抜かず、立派にやり遂げる人であり、地道な努力をいとわない人です。そこで第一章では、経営者を目指すに当たって、「働く」ということの基本的な意味を、私の拙《つたな》い会社員時代の経験も交えながら確認します。

今、日経平均株価はいくらかわかるでしょうか。何も見ないでパッと答えることができるでしょうか。

日経平均株価とは、上場企業のうち二二五社の株価の平均値のことで、日本の株式市場の代表的な指標です。二〇一九年九月現在、日経平均株価は二万二三〇〇円ほどです。私が社会人になった一九八一年には約七四〇〇円で、バブルと言われる一九八九年一二月二九日の大納会には、約五倍の三万八九五七円でした。そしてバブル崩壊《ほうかい》後、「失われた二〇年」などと言われていますが、二〇〇八年には六九九五円まで落ち込みました。

これは日本経済新聞社という一民間企業が独自で出している数字ではありますが、政府の経済統計にも使われるように、ある意味で日本の価値を数値化して表しています。日本がすばらしく投資価値があるのであれば、日経平均は原則、高く上がっていきます。アメリカには「ダウ平均株価」というのがありますが、これも、〝アメリカの国力に対する値段〟のようなものです。

日経平均株価のもとになっているのが各企業の株価です。「株式会社」は「株価」によって値段がつけられています。世間から「価値がある」と評価されれば、株価は上がり、「価値があまりない」と目《もく》されれば、株価は顕著《けんちょ》に下がります。会社の価値は株価で測られ、日本の価値は日経平均株価で測られます。この数字が厳密な意味で真実を映し出しているかどうかは議論の余地がありますが、一般的にはそういう理解をされています。

社会に出て働くということは、日本経済を動かす担い手の一人になるということです。社会で活躍したいと願うのであれば、日本経済の価値が現在いくらであるかぐらいは、答えられるようにしたいものです。その意味で、日経平均は常にチェックしておく必要がありますし、日経新聞には目を通す習慣がほしいところです。

私も社会人になったときに、日経新聞と〝格闘〟しました。

私が大学卒業後に入社したのは、投資信託や国債等の債券の販売に携わる野村證券投資信託販売という会社でした（現・三菱ＵＦＪモルガン・スタンレー証券）。野村の始業時刻は確か八時四五分だったと記憶していますが、この時間に出社する者は一人もいません。東京証券取引所が始まるのが九時からなのですが、その前に日経新聞を読み込み、他の社員の前で「新聞解説」をやらねばならないからです。そのため、五時半に起床して七時台には出社していました。

新聞解説とは、日経新聞を隅《すみ》から隅まで読み、「今日はどういう記事に注目するべきか」をチェックし、その記事を取り挙げて他の社員の前で解説することです。新入社員の頃はこの新聞解説が苦痛でした。特に最初は読んでもチンプンカンプンですから、アンテナの精度が低いわけです。それで、先輩社員から「バカじゃないか」「こんなことがわからないのか」と毎日厳しく指導されます。ビジネスパーソンなら当然のように日経新聞を読むのでしょうが、実は、読めるようになるのに半年くらいかかります。

大川隆法総裁も商社マン時代を振り返り、「最初の半年ぐらいは十分に分かりませんでした」と明かしています（『英語が開く「人生論」「仕事論」』など）。

朝日新聞や読売新聞に比べて、日経新聞は専門性が高いため、簡単には読めません。しかも、企業業績の数字が延々と並んでいるため、正直言って〝つまらない〟ところがあります。「経常利益」や「最終利益」の違い、「有利子負債《ゆうりしふさい》」や「減価償却《げんかしょうきゃく》」の意味がわからなければ、数字は謎の記号でしかありません。それでも毎日食らいついて、勉強を重ね、新聞解説を繰り返しながら、どの記事が重要で、株価に影響するのかを真剣に考えていくと、少しずつ意味が理解できるようになっていきます。そして三カ月、半年と読み続けていくと、段々に日本経済の流れといったものを読み取れるようになっていきました。

『日経新聞の読み方』などの解説本を何冊か読めば、たちどころにすらすら読めるようになるわけではないのです。

営業で成果を出す前提はまず数をこなすこと

もちろん、日経新聞を読めるようになれば仕事ができるようになるというわけではありません。

新聞解説が終わり、一日の金融の流れのレクチャーを受けたら、ゴングが鳴ります。朝九時、営業の始まりです。

毎日五〇〇本程度の電話をかけます。新規営業の場合、それくらいかけないと、受注《じゅちゅう》できません。電話をして相手が出ても、「いらない。ガチャ」で終わりです。次の電話も「こんな電話かけてくるな。ガチャ」。それでも切られるまでに一分くらいはかかります。したがって一時間でかけられる電話はマックス六〇本です。五〇〇本の電話をかけるということは、八時間以上かけ続けるということになります。お昼休みなどはありますが、基本的に朝から晩までかけっ放しになります。これをくる日もくる日も毎日行います。手と受話器を包帯のようなものでぐるぐる巻きにして、受話器を置けないようにされていた同僚もいました。切られるたびにいちいち受話器を戻していると時間の無駄《むだ》ですので、右手に持った受話器を耳に当てっ放しにして、空いている左手でフックボタン（受話器を置くところにあるボタン）を押して電話を切るのです。

この間、「いらない」「このバカ」といった罵詈雑言《ばりぞうごん》を浴び続けます。毎日やっていると心が折れてきます。だんだん「なんでこんなつらい会社に入ったんだろう」「ばかだなあ。失敗したなあ」などと思い始めるわけですが、入った以上、簡単には辞められませんから、一生懸命やっていました。

当時、私たちが売っていたのは国債です。現在の超低金利であれば飛ぶように売れると思いますが、当時は金利八％でも売れませんでした。「戦時国債」の記憶がある方が多かったからです。戦争中に国が戦費のために発行した国債が、敗戦によって〝紙きれ〟になってしまったことがありました。「国債が紙きれになる」ということは、〝日本が潰《つぶ》れる〟ということです。今ではそんなことはあり得ないという感覚ですが、当時は敗戦の生々《なまなま》しい記憶がありますから、「国債＝危ない」という感覚が強かったのです。

今なら投資信託や株式よりも、国債のほうがリスクもリターンも少ないのは常識です（現在の国債金利は約0.2％です）。しかし、当時は国債と言えばリスク商品の代名詞のようなものでしたから、本当に売れませんでした。

一週間ほどかけ続けた頃、ようやく一件目のお客さんができましたが、同期の中では早いほうでした。同じ年に入社した人は、三年間で八割も辞めていきました。罵詈雑言を浴びながら一日五〇〇件の電話がけに耐えられる人は少ないのでしょう。しかし、それを耐え抜くことで、凡事徹底《ぼんじてってい》の精神が叩き込まれ、優良なお客様と出会うことができるようになるのです。

どうすれば顧客を獲得できるのか

しかし、数をこなすだけでは成果にはつながりません。凡事徹底で数をこなすのはあくまでも前提です。その上で、お客様と信頼関係をつくったり、深い人間関係をつくったりできることが求められます。セールスの古典『販売は断られた時から始まる』の著者Ｅ・Ｇ・レターマンも、「売込みを行なう前に信望を得ることが必要である」と述べています。

特に私が当時売っていた国債は、別の証券会社でも買える商品です。どこでも買えるものを、「渡邉さんのところで買いたい」と言ってもらえるようにならなければ、顧客を獲得することはできません。

まず人柄が誠実でなければ信頼されません。さらに業界知識が豊富でなければならないでしょう。「渡邉さんと話していると、先のことがよくわかる」と言ってもらえるほど先を見通せる力を示す必要があります。人柄だけで売れるほど甘くないのです。

当時、会社の先輩はこんなふうに言っていました。

「お客様にとって、命の次に大事なのはお金だ。そのお金を預けるっていうことは、命の次に信頼されない限り、預ける対象にはならないのだ」

お金の大切さは人によるかもしれませんが、実際、相手を本当に信頼していないと、資産を預けて運用してもらうなんてことはできるはずもありません。したがって、結局、「渡邉和哉」という人間が信頼されないかぎり、取引はできなかったのです。

「営業は、数撃ちゃ当たる」という面があるのも確かです。しかし、実際に私が営業の中で学んだことは、「いかに多くの人に信頼される人間になっていくか」ということでした。

宗教の伝道においても同じことが言えます。実際に伝道をしていく中で経験したことですが、大川総裁の教えがいかにすばらしくても、それを伝える「私」という人間が信頼されていないと相手の心に入っていきません。自分を伝道相手に置き換えてみたらわかるのではないでしょうか。信頼できる人が言うからこそ、その教えに耳を傾けようとするはずです。どの業界でもおそらく同じことが言えます。

顧客を獲得するためには、まず、営業があります。「営業がうまくできない」ということは、「仕事ができる人間にはなれない」ということです。

幸福の科学の教えを学んだ人なら、本来トップセールスになっていくはずです。心の教えを学び、愛の器《うつわ》が広がっていっているなら、相手の気持ちがわかるようになっていくはずだからです。相手の気持ちがわかれば、相手がほしいところに手が届くような言葉を出すことができます。「ああ、この人は、こういうことで困っているのか。それなら、これをお勧めしたら、きっと喜んでもらえるな」とわかるようになるのです。そうすれば、営業ができないことなどあり得ないわけです。

もし、仏法真理を学んでいるにもかかわらず営業ができないというのであれば、それは、教えを字面《じづら》のみで読んでいて、本当は学べていないのではないでしょうか。

成果を出す心の法則

「顧客に信頼される」ことは簡単ではありません。単に顧客に優しく接するだけなら簡単かもしれませんが、現実の仕事においては、厳しい成果を追求されながら、顧客に信頼されなければならないからです。

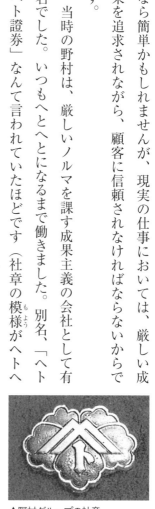

当時の野村は、厳しいノルマを課す成果主義の会社として有名でした。いつもへとへとになるまで働きました。別名、「ヘトヘト証券」なんて言われていたほどです（社章の模様《もよう》がヘトヘトと読めます）。

▲野村グループの社章

しかし、私にとっては、とても貴重な経験となりました。日本一ノルマが厳しいと言われた会社でしたから、非常に鍛《きた》えられましたし、その後、仕事で困難に当たったときも、「野村時代に比べれば、大したことがない」と思えたからです。

目標が達成できないときに、朝から電話をかけ始めて、夜の一一時、一二時になってもまだ電話を終えられないのは苦痛でした。どこの世界に、夜中の一二時に電話をかけてきて、「すみません、野村の渡邉でございます。これから、商品のご案内をさせていただきたいんですけど」と言って、話を聴いてくれる人がいるでしょうか。「こんな夜中に電話をかけてきて、きみ、なんて非常識な会社なんだ」と言われるでしょう。それでも、電話を止めることは許されません。一度、夜中の電話がけを経験すると、もう二度とそんな非常識な電話をかけたくないと思います。そのため、いっそう真剣に頑張りました。

一方で、目標を達成できたら定時に帰ることができました。非常にわかりやすい成果主義です。

このときの経験を振り返ってみると、結局「できると思ってやっているのか。上司に言われて嫌々やっているのか」の違いが大きかったと感じます。

普通は、「ノルマなんだから、やらなければいけない」と思って仕方なくやるものです。しかし、そのような思いで営業をしていると、いくらやっても目標が達成できません。そうではなく「お客様にとって、とても良いものをお勧めしていくのだ」と、心の底から確信してお勧めしていけば、不思議と取引が決まっていくのです。

できると思うか、できないと思うか。ノルマだから仕方なくやるか、顧客に喜んでもらおうと思ってやるか。同じ一本の電話でも、同じ厳しいノルマの追求であっても、どういう思いで取り組むかで、結果は見事に分かれるのです。

幸福の科学では、「人は、その人の思うとおりの人間になる。あなたが考えているところのものが、あなた自身なのだ」（『奇跡の法』など）という教えがあります。この教えは、一本の電話がけにも、見事に適用されます。

後日、幸福の科学の教えを学んだときには、「ああ、そういうことだったのか。今まで、心で思った通りの未来になっていたのだ」ということが腑《ふ》に落ちました。ジョセフ・マーフィも「人は心に描くごとくになる」と言っていますし、ジェームズ・アレンも「人は考えたとおりの人間になる」と言っています。

自らは厳しいノルマを会社から課せられながら、お客様には心の底から喜んでもらおうと考える——こういうときに顧客は信頼してくださいます。顧客は、その人が自分のことしか考えていないのか、お客様のことを考えている人なのかを、きちんと見分けるのです。この心の法則に気づくかどうか。これが成果を上げる人と上げられない人とを分けるのです。

厳しく成果を求められる中で、私がもう一つ学んだことは、「時間が本当に大切なものだ」ということです。

新聞解説にしても、「今日、こういう記事が並んでいました」というだけでは、解説になりません。それは他の人も読むし、お客様だって知っているのです。「それが一体、何の意味を持っているのか」ということまでつかんで話ができなかったら、価値にならないわけです。「これは、日本経済や世界経済のこと、未来を示している記事です。なぜなら、これは、こんなことを示しているからです」と、自分の言葉で言えるか言えないか。新聞解説や電話がけにおいても、時間をただ使うのではなく、この時間を使って価値を生まなければならないのです。

「あなたが勧めるのなら」と言ってもらえる自分になっているか

要するに、「心をどう使うか」「時間をどう使うか」が大事だということです。その使い方によって、その人自身の価値が定まってきます。そして、その価値が具体的な形を取って表に現れてこなければ、成果にはつながらないのです。

伝道の場合で言えば、大川総裁の教えをどれだけつかんで、自分の言葉にして言えているか。それを伝える相手に、信頼感を持っていただく自分になっているかどうか。

「大川隆法総裁先生の教えは、とってもすばらしい教えなんですよ」と言ったところで、相手が聞きたいのは、「それで、あなたはどんな成長をしたのですか。あなたは何を学んだのですか。その教えが、何に活《い》きたのですか」ということでしょう。それを自分の言葉で言えなかったら、相手の心には届きません。「大川隆法先生は有名な宗教家だから、立派な人なのでしょう。ところで、それを学んだあなたは、それに値《あたい》するような人なんですか」と問われたときに、自信を持って答えられる自分であるべきです。人は、果実を見て、その種の良し悪しを判断するからです。

以前、休日に一緒に伝道活動をしていた仲間から聞いた話で、印象に残っているエピソードがあります。

その方は、あるとき上司に、大川総裁のご著書を「ぜひ読んでください」と言ってお渡ししようとしました。すると、その上司は「これは立派な内容の本なんだろう。きみの大事にしているものなんだろう」と理解を示しましたが、「でも、悪いけど、これを今読むわけにはいかない」と言ったのです。「なぜなら、今のきみの姿を見たら、読むに値する本だっていうふうに思えないからだ。その教えを実践して、今のきみを形作っているんだろう? だったらきみがもっと立派な仕事をしてから読むことにする」と言ったそうです。

結局、自分自身に総合的な実力がなければ、人の心を開くことはできないし、人を動かすことはできないのです。

幸福の科学の教えは、単なる知識ではありません。教えにしたがって、心の中で考えていることを正し、神の願われるほうに切り替えていってこそ、学んだと言えます。字面を読んで、書かれている文字情報を伝えるだけではなく、実際に、自分自身をつくり変え、成長していってこそ、説得力が出るのです。

「あなたが立派な人である理由がわかりました」「あなたみたいな立派な人が勧めるのだからこの教えはすばらしいのでしょう」と相手が言ってくださるような私たちに変わっていかなければ、伝道も進まないし、営業もできません。仮に営業はできたとしても、商品の力で成功しただけであって、その人の力でない場合が多いのです。

逆に、信頼されるに足る人格をつくり上げ、顧客と深い人間関係ができてきたら、お客様は〝赤の他人〟であるはずなのに、あたかも家族のような感じになっていきます。家族についての相談を受けたり、未来のことについての相談を受けるようになったりします。そういうお客様とは一生、関係を続けていくことができるのです。

単に、「メリットがあるか、ないか」という関係でのお取引をしていくのか。それとも、心と心がつながっていくようなお取引をしていくのか。そういうところで、成果は大きく変わってきます。

「上場できる企業」は何が違うのか

ましてや、経営者として成功するのであれば、顧客と心と心のつき合いができなければいけません。実際に多くの経営者と接してきた実感としても、そう感じます。

私は、証券会社では法人担当をしていたため、経営者の方々とのつき合いがありましたが、成功する確率は一〇〇〇社のうち三社であるというのが正直な実感です。大川総裁も著書『人生に勝つための方程式』で、発明や営業では、成功の確率は一〇〇〇に三つくらいだと指摘しています。

経営においても、起業した会社が株式公開にこぎつけるのは、一〇〇〇社のうち三社もないでしょう。二〇一九年八月時点で上場企業は三六七三社ありますが（日本取引所グループ発表）、企業全体の数は三八五万六四五七社になります（平成28年経済センサス）。一〇〇〇社に三社どころか、一〇〇〇社に一社の確率です。もちろん厳密には、株式公開することとイコール成功ではないでしょう。株式公開しなくても立派な会社はありますし、株式公開しても良くない会社はあるからです。しかし、世間に認められるような成功の目安としての、指標の一つにはなります。

そう考えると、起業を志す人が一〇〇〇人いたとしても、世間に認められるような成功をするのは、一～三人程度です。一〇〇人に一人もいません。コンマ数％の人しか日の目を見ることがないのです。志を持つことは大事です。夢を見ることは大事です。理想を描くことも大事です。しかし、同時に、この客観的な事実も知っておく必要があります。

起業の際にはたいてい、自分が「この商品やサービスは今、世の中にないし、絶対に売れる。大きなマーケットをつくっていける」と思うところから始まるものです。多くの人は自信満々で事業をスタートさせます。しかし、現実にはその中で成功する人もいれば、しない人もいます。何がその成否《せいひ》を分けるのか。結局、「自分が良いと思って出したものが、世の中の他の人々に評価されるかどうか」で分かれるのです。

いくら自分が成功したいと願って努力をしても、それが顧客に信頼され、評価され、受け入れられなければ、決して会社は大きくなりません。これは極めて重要なポイントです。大川総裁も『成功の法』で次のように指摘しています。

経済活動の意味はどういうところにあるかというと、「ある人が値打ちを感じ、それに基づいて行動したことが、他の人にとっても値打ちを持ちうるようなものであるかどうか」という、この認定にかかっているのです。

『成功の法』159〜160ページ

会社における成功といっても、結局は、経営者自身の問題です。とりわけ、小さな会社が大きくなっていく過程では、経営者自身の考え方ですべてが決まると言っても過言ではありません。すべてが経営者の責任です。

考えが甘ければ成功しないし、慎重すぎても発展せず、株式公開できません。必要なのは、「自分は、この商品なら世の中に必要だと思ったが、本当に必要とされているのか」という自己客観視ができることです。

さらに言えばこういうことです。会社を客観視して、「この商品が世の中に必要とされると思ったが、実は、『そうであってほしい』という自分本位の考えが入り込んでいないか」ということを、自分で発見できるかどうか。このセルフチェックができなければ、自分に都合の良い考え方を取り除くことができず、したがって、最終的に顧客の気持ちをつかむことができず、業績を伸ばすことができなくなるのです。

法人を担当していた経験から特に感じたのは、「自分本位のギラギラした会社は、公開できない」ということです。

株式公開というのは、良い業績を挙げれば自動的にできるというわけではありません。「公開したい」と証券会社に相談したら、そこからコンプライアンス体制や経理財務の体制を整えるなどの準備に入ります。その後、三期連続で増収増益が確保できてはじめて「じゃあ今年、行きましょう」と株式公開の手続きに入るのです。

その三年間、徹底的に外部からチェックを受けます。業績はもちろんですが、反社会勢力などとの怪《あや》しい取引がないか、会計に不正な処理がないか、どこから見ても真っ当なビジネスを展開しているかを検証されるのです。

「自分本位のギラギラした会社」とは、利益を上げるために品質をごまかしたり、不当に買い叩いて安く仕入れたり、粉飾決算《ふんしょくけっさん》をしたり、脱税を働いたりするような会社です。この手の会社が実際にあるという事例は、経済ニュースを見ていればいくらでも出てきます。このような会社は、もし一度はうまくごまかして株式公開できたとしても、どこかで悪事が露見《ろけん》するものです。

たとえば極端なケースだとこんなことがありました。一九九九年に東証マザーズという新興企業向けの株式市場がスタートし、その第一号として鳴り物入りで上場したリキッド・オーディオ・ジャパン社は、上場記念パーティで小室哲哉氏やつんく♂氏がスピーチするという派手さで話題になりましたが、その翌年、前社長が監禁・暴行容疑で逮捕されるという前代未聞《ぜんだいみもん》の事件を起こしました。その後、同社は上場廃止になっています。

これは極端なケースですが、品質偽装《ぎそう》や粉飾決算などが露見して上場廃止や解散になるケースは珍しくありません（エアバックメーカーのタカタや牛肉偽装事件で廃業・解散した雪印乳業など)。

「自分本位のギラギラした会社」になるか「顧客本位のキラキラした会社」になるかは、どこで分かれるのでしょうか。

多くの会社の経営者はワンマンです。実力のある人ほどワンマンかもしれません。もちろん、ワンマンであること自体は悪いことではありません。しかし、それはあくまでも「責任は一人で負う」という意味でのワンマンであり、独裁者として好き勝手に振る舞うという意味ではないのです。

特に、「自分が〝神〟になってしまう」という意味でのワンマンは危険です。そうではなく、「お客様のほうが神様だ」と考えなければなりません。でなければ、「自分のやりたいことよりも、お客様の幸福を優先するべきだ」という発想が出てきません。

「お客様は神様」とはもののたとえとしての〝神〟ですが、さらに言えば、本当の意味での神仏を信じることが大事です。神仏に対する信仰心がなければ、世界の人々に対する責任を感じたりしないでしょうし、世界の人々を幸せにしたいという愛の心は出てこないはずです。逆に、そういう気持ちを持っていれば、品質をごまかしたり、帳簿《ちょうぼ》をごまかしたりすることはありません。誰も見ていなくても神仏が見ていると信じているからです。

本当に社会に必要とされて大きくなっていく会社は、たいてい信仰心を持っています。特定の宗教を信じていなかったとしても、何らかの「公《おおやけ》の心」を持っているものです。「とにかく我《わ》が社の商品だけが売れればいいのだ」と我《が》を通すだけで会社が大きくなったという話は、実際にほとんど聞いたことがありません。

やはり、「公の論理」ともいう公的な考え方を持って、「私のつくろうとしている会社は、世の中に必要なものを提供します。多くの人を幸福にし、導きます。世の中の発展や進歩に資することをします」という真剣な思いを持ち、それを具体化している会社でなければ、社会から評価されないのです。マーケティングの研究家である村田昭治氏や髙橋弘氏も、「自分だけを中心にすえて、他をすべて利用しようとするか。自分を磨き上げて、何とかより役に立って、他に愛される存在になろうとするか。その人の性格のあり方によって、生きる世界はまったく変わったものになる」と指摘しています。

非常に高いハードルです。

だから、一〇〇〇社のうち三社しか成功できないのです。もしかしたら、ある意味、「公への愛の心を持った経営者というのは、一〇〇〇人に三人しかいない」というのが現実なのかもしれません。

しかし、これはあくまでも現状がそうだという話です。幸福の科学では、愛の教えや心の教えを説いています。一見、経営に関係ないように思うかもしれませんが、実際には、心の教えは仕事の成功や経営の成功に直結しています。経営成功学も、愛の教えや心の教えをベースにすることで、成功する確率を上げようとする試みです。その意味では、愛の教えを実践する経営者を増やすことで、一〇〇〇人に三人程度しかいない成功者を、四人、五人、一〇人、一〇〇人と増やしていくという挑戦なのです。

自分自身をマネジメントする

では、具体的にどのようにすれば、愛の実践力を高めることができるのでしょうか。何か特殊なことを始める必要はありません。今していることの中から、愛の思いを発揮していくことが大事です。

私の場合、社会に出てはじめにした仕事が営業でしたが、電話をすると、ひどいことを言われることがありました。それは避けられませんから、いかにタフに右から左に聞き流しながら、それでも人の気持ちがわかる人間になっていくかが大事になります。「自然と愛の気持ちが高まるような優しい環境」は待っていても訪れません。そんな環境がやってくるのであれば、誰も努力しなくてよいのですが、そんなに都合の良いことはめったに起きません。

現実には、罵声を浴びるような厳しい環境にあっても、他人を思いやるような気持ちを持てるか。それが愛の実践です。どのような不利な環境にあっても、自分の思いをコントロールできるかどうかが試されるのです。そういう人が、愛を与える人であり、お客様の立場に立てる人であり、成果を上げる人なのです。

本当に顧客のことを思って大事なことをお伝えしようと思っても、相手にしてもらえないことはよくあります。「私たちにとって一番大事なものを、なんでわかってくれないのかな」と挫《くじ》けそうになるかもしれません。しかし、人間関係が十分に築けていない人に対して、いくら「これは大事だ」と言っても、耳を貸してはくれません。しょせんは他人だからです。

そういう場合、「なぜ、私がそれを大事だと思うようになったか」など、背景説明をする必要があります。もちろん、いきなり背景説明ができるような人間関係にはないでしょう。まずは世間話《せけんばなし》などをして心をほぐし、「この人はこういう人柄なんだな」ということを理解し合い、少しずつ信頼関係を深めて相手の気持ちをつかんでいくのです。面倒かもしれませんが、その手間を惜《お》しまないことも愛の心です。

したがって、経営で成功したいのなら、愛の心を持ち、人の心を理解し、自分の考えを自分の言葉できちんと説明できるような人間になる必要があります。

相手に伝えるべきなのは、商品やサービスの良さではありません。それはある意味でオマケです。本当に伝えるべきは、自分の志や愛の心です。逆に言えば、自分の中にある誠実さや真実が相手に伝われば、商品やサービスの良さは自然とその上に乗っかっていくのです。

この世的な理屈、便利さ、有利さといったもののほうが、お客様にとって先に届きやすいのは事実です。しかし、損得抜きにしても、「本当にこの人は信頼できる人なのか、できない人なのか」というところを納得していただき、そこではじめて、「わかった。きみと一緒に歩いていこう」と、契約してもらえるわけです。

どこの企業も努力しています。自分のところの製品は良いと思って努力していますが、結局、評価するのは外の人なのです。証券などは、銀行や、他の証券会社で買っても同じ商品ですし、何かの商売を始めようと思っても、その業態やサービスは他にもある場合が多いでしょう。「それなら、そちらで買えばよいではないか」となってしまうところを、「いや、やっぱり、きみのところで買いたい」と思っていただけるかどうか。

それは商品力やサービス力の違いも大きいけれども、経営者や営業の担当者の心がけの違いや、人間力の違いのようなものが、実は、目に見えない付加価値としてあるのです。それが、顧客に選択していただけるかどうかにつながっていくのではないかと考えられます。

したがって、結局のところ、成功を実現していくためには、自分自身をマネジメントし、心の力を強めていくことが必要不可欠です。

どんなことがあってもその夢や理想を把持《はじ》し続けることができる。つかみ続けることができる。そういう精神力や忍耐《にんたい》力がなければ、この世の厳しい現実、他人の言葉、競争といったものに負けていってしまいます。「理想だけ」では成功できません。「仕事能力だけ」でも成功できません。「人間関係力だけ」でも成功できません。いずれもできてはじめて、経営というものは成功していくのだと思います。

厳しい状況で成果を上げてこそ発言力が得られる

私が証券会社に勤《つと》めていた頃、上司から「渡邉くん、幸福の科学よりももう少しうちの仕事を一生懸命やってくれたらありがたい」と言われたことがありました。その頃の私は、株式先物《さきもの》やオプション部門の営業成績で全国トップでした。法人営業の担当だったのですが、顧客には名前を聞けば誰でも知っているような、錚々《そうそう》たる大企業も多く抱えていました。その頃は「株式先物」が始まったばかりでしたが、私は京都の支店で東京本社や全国に先駆けて全国一位になり、その成績をずっと維持していました。

ちょうどそのときに、常務取締役の近畿《きんき》営業本部長から、「幸福の科学もいいけれど、もう少し一生懸命仕事をやってくれたらありがたい」と言われたのです。さすがに、「これ以上、何をやれというのですか」と言い返しました。すると相手は、「まあまあ、そういう意味ではない」と言うのです。

しかし、その後、福岡へ転勤になり、事業法人担当から金融法人担当に変わりました。地域の金融機関の担当になったため、またゼロから人脈づくりなどを始めることになったのです。当然、はじめは成果が上がりませんでした。

近畿営業本部長から九州営業本部長に、「渡邉は幸福の科学をやっているので、気をつけないと仕事ができない」と〝引き継ぎ〟されていたため、「ほら見たことか」と言わんばかりに、「渡邉くん、きみか。幸福の科学はいい加減にしたほうがよい」とすぐに言われました。そう言われることはわかっていたため、一生懸命、仕事に取り組みました。

成果を上げていても足をすくわれるようなことを言われるのですから、もし成果を上げていなかったら、どんなことを言われていたかわかりません。理不尽で厳しい現実ではありますが、それでも、くさってはいけませんし、前向きな姿勢を失ってはいけませんし、成果を上げ続けなければなりません。こういうときに負けない自分であるかどうかが問われるのです。「自分をマネジメントする」とは、そういうことだと思います。

コラム①

心の免疫力《めんえきりょく》をつけるには

Question

どのような厳しい環境においても、一定の成果を出し続ける力、やってのける力、胆力《たんりょく》はどのように鍛えればよいのでしょうか。

Answer

会社から一歩出たら、気持ちを切り替えることも大切です。私の場合は、マイナスなことを引きずらないように気をつけていました。

実際、営業の仕事をしていると、一日の間にいろいろなことが起こります。上司に叱られたり、お客様との人間関係がうまくいかなかったりと、大変な目に遭《あ》うことがあります。しかし、一歩、会社を出たら、そういうマイナスに関しては「引きずらない！」と心に決めることが大事です。

私の勤めていた会社は、上場企業の運用をしていたのですが、九〇年代に入ってバブルが崩壊すると、それまで儲《もう》かっていたお客様に、大きな損失が出始めました。その頃、私が担当していた会社の財務部長の方が毎日のように電話をかけてくるようになりました。

話の内容はほとんど愚痴《ぐち》です。「自分のポストはどうなっていくのか」「高校生の娘がいるのに、どうしたらいいのか」「渡邉さん、私、クビになったらどうしよう」。そういう話を午前中に一時間、午後に一～二時間してくるのです。それが毎日です。

次第に私もおかしくなっていきました。夜中に家の中を徘徊《はいかい》するようになったのです。私自身はまったく覚えていませんでした。家内に「あなた、何してるの？」と声をかけられて、ようやく我《われ》に返るという状態です。ネガティブな言葉を受け続けて、こんな形で影響が出てくるのは、はじめてのことでした。

自分が運用を失敗したことによって、相手が責任をとって降格になったり、左遷《させん》されたりしたら、相手の人生に大きな影響を与えます。お客様も自分もある意味で一体なのだとわかりました。

今思えば、この状態は「憑依《ひょうい》」です。相手の財務部長も悪霊に憑依されて、鬱々《うつうつ》とした状態になっていたのでしょうし、その影響を受けて私自身も、いわゆる霊障《れいしょう》になっていたわけです。相手の止まらない愚痴も、私の夜中の徘徊も、これが原因でした。当時は幸福の科学の勉強をしていませんでしたから、自分がどういう状態にあるのかを理解することができませんでした。

その後、幸福の科学の教えを学んだのですが、そこでようやく「霊的な影響がマイナスに働くと、人格破壊にまでもっていかれてしまう」ということに気づきました。だからこそ、ポジティブな自分をつくっていくことの大切さと、幸福の科学の教えに触れ、天上界の光をいただきながら考え方を明るい方向に変えていくことの大切さがわかったのです。

悪霊や生霊《いきりょう》などの「マイナスの存在」が、他人事《たにんごと》ではなく自分に影響を与えているのだとわかったときから、大川総裁の教えはリアルに私の中に入ってきました。

したがって、マイナスの影響を感じたなら、まず「切り替える」ことが大事です。少なくとも会社を出たら、引きずらないようにしなければなりません。これが第一段階です。

次には、「ポジティブな心をつくる努力をする」ことです。「現実は厳しくとも、未来は明るい」と信じる心です。このポジティブな心を意識的につくることができなければ、「与える愛」の立場には立てません。「機嫌《きげん》のいいときだけ愛を与える」のは簡単です。そうではなく、厳しい状況にあってなお「愛を与える」ことができるかどうかが問われるのです。

証券会社で働いていると、相場《そうば》が上がったり下がったりしますから、悪いときもあります。とくに九〇年代以降は株価がずっと下がっていたため、厳しい状況が続きました。そういう中で「与える愛」を実践することが求められているのです。

具体的には、「励ます力」が必要です。もちろん、励ましても相場は下がり続けました。日本経済は「失われた二〇年」「失われた三〇年」の真っ只中ですから、信じ続けてくれたお客様は、ある意味で裏切られ続けたことになります。それでも「未来は明るい」と心底信じて、希望を見つけ、言葉を発していきます。本当に信じていれば、それは力強い言霊《ことだま》になります。

誠実にやっていることは、伝わるものです。信じてもいないのに、「未来は明るいですよ」と嘘《うそ》を言い続けるのと、自分なりに希望の種を見出し、心の底から「未来は明るくなりますよ」と言っているのでは、まったく違います。その違いを、お客様は見抜くのです。

結果として、金銭的には損失で終わる取引のお客様は大勢いました。それでも「渡邉さんと一緒に生きていけて、人間関係ができて、良かったよ」と言っていただける方と大勢、巡り会うことができました。私なりに、誠心誠意接しました。「そのうち経済は持ち直しますよ」と、その場のごまかしで軽い言葉を出すのではなく、真剣に、誠実に、明るい未来を念じながら、励ましの言葉を出していたのです。その結果、深い人間関係を築くことができました。そのため、取引としては損失という結果であっても、互いに救われたところがありました。

　相場の上がり下がりや損得というのは、自分ではどうにもならないことです。しかし、下り坂を歩む中で、前向きに生きるか後ろ向きに生きるかは、自分で選択できます。常に前向きに心を切り替えていくことで、お客様から「渡邉さんとのつき合いのなかで、少なくとも心の持ち方、思いのつくり方といったところは助けになった」と言ってもらえたこともありました。もし、私が後ろ向きの気持ちで接していたら、互いに相手を非難するような修羅場《しゅらば》になっていたかもしれません。自分の心がけ一つ、言葉の出し方一つで、違う結果になっていたはずです。

　もちろん、単なる光明《こうみょう》思想で「未来は明るいんだ!」と言っているだけではいけません。経営を勉強し、経済の見通しを立て、さまざまな勉強を重ねて、現実的な努力をした上で「未来が明るくなるための要素としては、これとこれがあります」

と、確信を持って言えるようにするのは当然の話です。それでこそ、その言霊が相手の心を説得して、「渡邉さんが言うなら」と納得していただけるのです。

こうした環境を通して、霊的なマイナスの影響から、ポジティブな心のつくり方を知ることができました。また、霊的世界が及ぼす影響を確信するに至る最初のステップになりました。

参考書籍

大川隆法『英語が開く「人生論」「仕事論」』幸福の科学出版
大川隆法『奇跡の法』幸福の科学出版
大川隆法『人生に勝つための方程式』幸福の科学出版

大川隆法『成功の法』幸福の科学出版
宮崎義一『日本経済の構造と行動』筑摩書房
E・G・レターマン『販売は断られた時から始まる』ダイヤモンド社
ジョセフ・マーフィー『マーフィーの成功法則』産業能率大学出版部
ジェームズ・アレン『人は考えたとおりの人間になる』田畑書店
村田昭治・髙橋弘著『営業力革新』プレジデント社

第二章

仕事ができる人間になる

経営成功学は、座学のみで学べるものではない

経営の勉強は、講師の話を聞くだけの座学や本を読むだけの勉強では限界があります。さまざまな事例を学ぶとしても、リスクを負ってチャレンジした人が体験して得た智慧《ちえ》は、簡単に身につけることはできません。かといって、人の話も聞かず、本も読まないのでは、何も学べません。大事なのは、座学であったとしても、いかに当事者意識を持って話を聞くか、その事例に感情移入して考えることができるかです。それが学びの質を左右します。「自分だったらどうするか」を考えながら学ぶのと、他人事《たにんごと》のように知識だけを吸収するのとでは、その効果はまったく異なるはずです。

京セラ創業者である稲盛和夫氏の有名なエピソードがあります。松下幸之助が、あるセミナーで「ダム経営を実践する秘訣」を聞かれて、「まず必要だと思わな、あきまへんな」と答えました。会場にいた人は「答えになっていない」と失笑し

たそうですが、稲盛氏だけは、「この言葉に深く心を動かされた」と言います。それはおそらく、稲盛氏が普段から、どうやったら無借金経営ができるかを考えていて、そのヒントをつかもうと真剣に経営の神様の話に耳を傾けていたからでしょう。大勢が参加するセミナーの一参加者であっても、当事者意識を持って臨《のぞ》めば、大きな学びを得ることができるのです。

事業を経営するに当たっては、何十億、何百億円と投資することもあります。投資が失敗したときには、当然、事業そのものが潰《つぶ》れることもあります。「この判断を誤ったら、自分の会社は潰れるのだ」という心境を想像することができるでしょうか。「この一つの決定に、社員と、社員の家族の命運がかかっている」という緊迫感を感じられるでしょうか。

世の経営者はそのような重い決断をしています。大きな経営判断をするには、悩みに悩み、迷いに迷って、良かれと思ったほうに決めています。学生時代の試験問題と違って、正解が用意されているわけではありません。確信が持てないまま決断しなければならないときもあるでしょう。しかし、経営者は決断しなければなりません。そして、その結果を受け止めねばなりません。

事業経営の経験のある人であれば、こうした決断に伴《ともな》う孤独と恐怖を乗り越えるために、どれほどの勇気が必要かについてよく知っているはずです。

しかし、まだ学生の立場にある人や、会社勤《づと》めの立場にある人では、おそらく十分に理解することはできないでしょう。

事例を学んでも、「あ、こういう判断をしたのか」「ああ、うまく行ったのか」「失敗してしまったのか」と、マルバツの試験の回答を学んだぐらいのレベルで終わってしまうことが多いはずです。

幸福の科学で学んでいる「経営の法」は、大川隆法総裁が「実際に会社を経営している人の一助になるように」という願いから説いたものです。学生や会社員向けに説いているものではありませんから、経営経験のない人が学んでも理解が十分でないのは、ある程度は仕方ありません。

それでも知らないよりは知っていれば、いざというとき必ず力になります。だから知識レベルでも勉強することは大切です。

大川総裁の説明している経営の理論は、単なる理論ではありません。実際の経営者がどのような壁にぶち当たり、どのようにして乗り越えていったかという智慧にあふれています。字面《じづら》で読むよりも深い意味が込められていることは知っておくべきでしょう。「ああ、イノベーションが大切なんですよね。わかってます」などと、簡単に知った気にならないことが大切です。

また、会社の経営者でなく、ただの勤め人であっても、社員一人ひとりの判断によって何らかの事業の成功のきっかけをつくったり、失敗の引き金を引いたりすることはあります。その意味では、経営者でなくても、経営の勉強はしておくべきでしょう。将来、経営者になることがないとしても、仕事で成功するためには、経営者のような目を持って仕事をする必要があります。

実際に、経営者として成功する人や、出世してやがて社長になっていく人は、小さな仕事一つ取っても、その心がけや取り組みは異なります。その意味で、経営は経営者だけが学べばいいのだというような考え方は、社員としても成功しない考え方につながっていくので要注意です。

まず、「仕事ができる人」になる

若手社員であったり、一スタッフであったりした場合には、「任された仕事をどのようにまっとうできるか」という問題があります。責任を持って、正確に、速くできるか。ここが最初の関門です。

大川総裁は、『仕事ができるとはどういうことなのか』において、こう述べています。

立場がいちばん下のほうにいる人の場合は、まずは、「正確で速い仕事をする」あたりから始めなければいけないと思います。

仕事のミスが多い人は怒られますが、それは当たり前のことです。ミスが多いとやり直しが増えるので、他人《ひと》の時間を奪うからです。

しかし、仕事が正確で速い人、また、締め切りを自分で設定できる人、「これは、いつまでにやらなくてはいけないのか」ということを常に確認しながらやれる人は、やはり、「仕事ができる」と言えるでしょう。（中略）

まだ若くて、広範な仕事や重大な仕事が任されていない人の場合は、「中心概念をつかんだり、ロジカルに考えたり」といっても、そう簡単なことではありませんので、とりあえずは、与えられた仕事を速く正確にやることです。

『仕事ができるとはどういうことなのか』１４７～１４８ページ

上司の側、経営者の側に立ってみれば、「正確で速い仕事」の大切さがわかります。頼んだ仕事をいつも間違う。毎回納期に間に合わない。そんな社員は信頼できませんから、大事な仕事は怖くて頼めません。そういう人には次第に仕事が集まってこなくなります。こういう人が会社を起こしても、顧客の注文は集まらないでしょう。

「正確で速い仕事」は、できて当たり前のレベルです。それだけでは「仕事ができる」とは言えません。

プラスアルファの仕事をする

次のポイントは、必要以上のことをプラスアルファでやっていくことです。そのためには、人間としての付加価値をつける必要があります。

「納期までに間に合えばいい」というのは、凡人《ぼんじん》の考えです。そうではなく、納期が一週間先ならば、三日で終わらせて、もっとクオリティの高いプレゼンができないかなどを考えて、一日、二日かけて熟成させていくのです。そして、まだ修正ができる段階で上司に「こんな資料をつくりましたが、お目通しいただけますか」と早めの相談・報告をする。そのくらい気の利《き》いたことができるようになるべきです。

上司がほしいのはこんな部下です。こういう人に仕事を任せたいと考えます。その結果、その人に仕事が集中します。いわゆる〝売れっ子〟になっていき、実際に出世していきます。現在、勤めに出ている人で、仕事が暇《ひま》なのであれば、「仕事ができないやつだ」と思われている可能性が高いと言えますし、忙しくて目が回る状態であれば、周囲から評価されている可能性が高いと言えます（もちろん例外はあります）。

正確で、速く、さらにプラスアルファのある仕事をする。これができずして、勤め人として昇格していくことはありませんし、ましてや経営者になることも難しいでしょう。

「経営」とはある意味で、各人が一つのゴールに向かい、〝歯車〟になって動いていくことです。歯車と歯車がうまく噛《か》み合って全体が機能します。そのために、経営者は一つひとつの歯車の機能をよく知り、上手に噛み合うようにマネジメントしなければなりません。

誤解してはいけないのですが、「歯車」というと、「大きな全体のほんの一部分に個が埋没《まいぼつ》してしまう」という感じがありますが、実際には小さな歯車が一つ欠けるだけで、組織全体が動かなくなったりします。したがって、仕事のできる人は、歯車一つの大切さをよく知っています。

実際、「良き歯車」として機能できない人は、仕事ができません。どんな仕事も、一人で完結するものはないからです。大勢の人が関わって一つのプロジェクトは回っていくものですし、売上を伸ばすにしても商品をつくる人や運ぶ人、売る人がいて成果につながります。そうした全体の中で、自分のなすべき務めを知り、実際にやり遂げていくのです。

この全体観における自分の役割が理解できずに、「少しくらい手を抜いてもいいかな」「もう少し自分が目立つようにできないか」などと利《り》己《こ》的なことを考えていると、たいてい失敗します。こういう人は絶対に経営者になってはいけない人です。小さな仕事を決しておろそかにしてはいけません。成果を上げる人は、仕事の種類や大小を選ばず、どのような仕事でも、何らかの付加価値をつけていくものです。

大川総裁は次のように説いています。

例えば、コンビニエンスストアで一人店員をすることもある人が、いつもその人のときにだけ売上が高くなるようであれば、そば屋をさせても、うどん屋をさせても、お好み焼き屋をさせても、マクドナルドの店員をさせても、やはり、ほかの人よりも上になってくるのです。

これは、「仕事を任されている間に、何らかの創意工夫をしている」ということです。そこに「付け加えている何か」があるわけです。

まずは創意工夫をして付加価値を付けるわけです。
例えば、個人で行う商売であっても、ほかのところとの差をつけます。つまり、「コンビニの店員として日本一」「本屋の店員として日本一」「そば屋として日本一」「天ぷら屋として日本一」を目指すなど、何でもよいのですが、何をしても、創意工夫を込めて努力していけば、必ずそれなりの価値が生《う》まれてくるのです。
また、その価値は、結果として、経済的にお金となって返ってきますが、その前段階として、お客様に好印象が残り、その好印象がリピート客をつくることになるわけです。つまり、その日に千円しか売れなかったとしても、その好印象が、次の千円、二千円とつながっていくということです。（中略）
このへんの勘所《かんどころ》をつかんでいくことが、ビジネスチャンスにつながり、商機、すなわち商売の機会につながるわけです。

確かに、大きな会社になっていく過程は、一通りありましょう。しかし、原点としては、わらしべ長者《ちょうじゃ》の始まりにあったように、自分の任された一つひとつの仕事のなかで、何らかの価値を生んでいくことです。そうした仕事をすることが、結果的に、その会社としての売上を増やし、顧客を増やし、さらに利益を増やしていくことになるのです。そういうことを知らなければなりません。

『経営が成功するコツ』47〜49ページ

一事《いちじ》が万事《ばんじ》――ちょっとした怠《なま》け心はあらゆる局面で顔を出す

たとえば、コンビニのアルバイトとして店に立ったとしたら、どんな付加価値をつけて仕事ができるでしょうか。

店長から見れば、「この人がいてくれるとありがたいな」というアルバイトもいれば、「この人は最低限の仕事しかしないな」というアルバイトもいるでしょう。将来、経営者になって成功する人であれば、アルバイトであっても、「この人がきてくれて売上も上がったし、店の雰囲気《ふんいき》も良くなった。本当にきてくれて良かった」と評価されるような人間であるはずです。

成功する人は、平社員であっても通常の平社員とは違います。主任のときも、係長のときも、課長のときも違うでしょう。「部長になったら本気を出す」みたいなタイプはおそらく成功しません。成功する人は、平《ひら》社員でも、アルバイトでも、一味違《ひとあじ》う仕事をするものです。

言われたことをただやっているレベルであれば、永遠にアルバイト以上のものにはならないし、社会に出ても平社員を超えることはおそらくないでしょう。

どのような仕事であれ、プラスアルファの価値をつけていくマインドがなければ、成功することはないわけです。

コンビニに行くと、お客様の前なのに内輪話《うちわ》で盛り上がっている店員さんもいます。雑談《ざつだん》に興《きょう》じている店員を見ればがっかりします。顧客の立場から見れば、そう感じるはずですが、働く側に立つと、考え方が変わってしまいます。「私は単なるアルバイトですから、そんな高度なことを求められても困ります」と考える人が一定の割合で出てきます。

しかし、アルバイトを一生懸命できないような人が、社会人になったら考えを切り替えて、きちんと仕事ができるようになるかと言えば、まずなりません。「慣《かん》性《せい》の法則」が働いているからです。

慣性の法則は、本来、物理の法則ですが、心の法則としても働きます。大川総裁は、「慣性の法則というものがあって、長年、心に刻んできた傾向性は、そう簡単に変わるものではありません」（『幸福の科学とは何か』）と指摘しています。若い頃の心のクセは、大人になっても続くのです。怠《なま》け者は怠け者のクセ、勤勉な人は勤勉なクセ、怒りっぽい人はすぐにキレるクセがあります。努力して自己変革をしなければ、心の習慣は変わりませんし、いつでもどこでもそのクセが顔を出します。

「一事《いちじ》が万事《ばんじ》」なのです。

嫌な言葉ですが、私自身、いつも戒《いまし》めている言葉です。たとえば、自分が怠惰《たいだ》な気持ちになったとき、「ああ、これはあらゆる局面で出るな」と思うのです。忙しいとき、会議に参加するなら「少しぐらい遅れてもいいか」と思ってしまうし、報告書を出すのは「あとでもいいか」と考えてしまいます。今日中にお客様に伝えなければいけない情報も、「別に明日でも深刻な問題は起きないな」と思ってしまいます。一つひとつは些細《ささい》なことでも、習慣になれば、いわゆる「いい加減なやつ」になってしまいます。

そういう自分でよいのかということです。怠惰な自分をよしとするか、よしとしないか。この判断一つで、一本、芯《しん》が通るか通らないかが決まります。まさに、「一事」（一つの判断）が「万事」（あらゆる判断）に表れてくるわけです。出そうと思っていない場面でも、そういう自分が出てしまうからです。

仕事ができる人とできない人の違いは、持って生まれた頭脳の良し悪しとか、センスの良し悪しとかで決まるわけではなく、「日々の小さな仕事を今すぐやるか明日に引き伸ばすか」と言った些細な判断の積み重ねで決まっていくのです。

常に付加価値のある方向に判断ができるか。常にお客様に信頼されるほうを選択できるか。それが「実力」です。私たちの運命を分けるポイントは、自分をどちらに向かわせるかの小さな判断にあります。

誰しも「こういう自分になりたい」という理想像があるはずです。「仕事ができる人になりたい」「信頼される人になりたい」「心根《こころね》の良い人間になりたい」。その願いを実際の判断につなげなくてはいけません。この報告書を今すぐ書いて上司に出すのと、明日でもいいと考えるのとでは、どちらが理想像なのか、どちらが仕事のできる人なのか。一瞬一瞬の判断のすべてを、理想の方向に舵《かじ》を切っていくのです。それこそ二四時間三六五日、理想に向かって自分を動かすのです。たまに「理想的な自分になる」のではありません。常に「理想的な自分になる」ことを願っていることで、そういう自分に近づいていくのです。

「大きなことを考えているとき」が理想的な自分というわけではありません。どの小さな瞬間を切り取っても、理想の方向に向かっていることが大事です。

「成功」を目指してこそ本物である

「常に理想を目指す」ことと同様に、仕事においても、「常に成功を目指す」必要があります。給料がほしいので、とりあえず上司の言うことを聞くというのでは、とても成功などできません。

社会に出れば、〝とうていできるわけのないこと〟を要求する経営者（あるいは上司）もいます。「そんなことは無理だ。できるわけがない」と思うかもしれませんが、「やるしかない」のが実社会です。そして、やる以上は、どれだけ難易度が高くても、成功を目指さねばなりません。

現実には、下手《へた》をすると、十に一つ、百に一つも成功しないかもしれません。景気《けいき》が悪くなれば、経営状況が悪くなるところがたくさん出てきます。「ベンチャーを始めても、三年後、十社に一社残っているかどうか分からない」とも言われているし、十年後となると、百社に一社あるかも分からないというほど厳しいものなのです。

そういう意味では、「『経営成功学』などというものを教えられる」というのは、これはもうほとんど、トリックか詐欺師《さぎし》か、あるいは誇大《こだい》広告か、それとも「羊頭狗肉《ようとうくにく》」か、その類《たぐい》ではないかと思うのは、よく言えば、「良心的な学者の考え方」だと思います。

しかし、別な言い方をすれば、「無責任な経営者の考え方」だと、私は思います。

そのどちらからでも言うことはできるでしょう。

経営は、確かに厳しいものです。「実際にやってみたら難しいし、失敗は多い」というのは、そのとおりかもしれません。

しかしながら、経営を目指す以上は、失敗を目指すわけにはいかないのです。失敗することはあるでしょう。しかし、失敗を目指すわけではないのです。「成功を目指さない経営」などというものは、経営ではありません。

したがって、「経営学」と名が付く以上、成功を目指さなければならないのです。あくまでも成功を目指さなければいけません。

『経営が成功するコツ』16～17ページ

ＨＳＵが幸福の科学大学として開学を申請した際、文部科学省の方々は「経営成功というのは、学問として認められない」と言っていました。他大学の経営学者も、そう言っていました。それは、現実に即した〝親切な〟忠告なのでしょう。

けれども、目指しているものが成功であることは間違いないのです。大川総裁は、成功を教えることができない経営学は「無責任」であると述べています。

学問においても同じことが言えます。「成功するための経営」を教えられないのであれば、それは学問ではありません。当然のことです。存在意義がないからです。

もちろん、「誰でも必ず経営に成功する方法」を示すのは困難です。ケース・スタディで成功した会社を研究しても、それは、その会社がそのときに成功した方法に過ぎません。他の会社がその方法を採用したからと言って成功できるとは限りません。経営の手法は次々と新しいものが開発されますし、経営の環境も刻一刻と変化するからです。日産自動車がトヨタ自動車のマネをしても、〝第二のトヨタ〟ができるだけですし、一〇年前にアップルが成功した方法を今ソニーが取り入れても、すでに古くて使えなくなっているはずです。業種、規模、時代によって成功の方法論は異なるため、「こうすれば必ず成功する」といった単純な法則はそんなに簡単に発見できないのです。

だからといって、成功する方法を研究しなくてもいいという話にはなりません。だからこそ、「経営成功学」は学問として打ち立てる意義があります。むしろ、あらゆる立場、あらゆる環境において成功する道を見つける「考え方」を身につけるために経営成功学はあります。常に黒字経営をするのは難しい。しかし、そうであることが望ましい。であれば、やはりその方法論はどこまでも探究していきたい。そのために経営成功学はあります。単に経営学と言わずに「成功」の文字を入れているのは、そうした理想に向かって研究を続けるという意思表示です。

まず、成功すると決意し、努力を始めることが大事です。成功を目指さない者が偶然成功することはありません。ある日、散歩に出かけたら、うっかり富士山の頂上に着いてしまったということは、あり得ないのです。

失敗したときに自分で立ち上がることができるか

成功を目指す上で盲点《もうてん》になるのは、「失敗に対する考え方」です。

たとえば、学生であれば、就職活動をする中で自信が持てなくなったり、弱音を吐きたくなったりすることがあるでしょう。場合によっては、就職面接で弱気な発言をしてしまう人もいるだろうと思います。そうした発言一つからも、面接官は、あなたがどういう人であるかを見抜いてきます。「この人は、本当に実践力のある人なのか、そうではないのか」というのは、面接の言動一つで不思議とわかるものなのです。

しかし、面接官は、「失敗しない人かどうか」を見定《みさだ》めているわけではありません。そうではなく、「失敗したときに、自分で立ち上がることのできる強い心を持っているかどうか」を見ているのです。さらに言えば、「自分の弱点を克服する智慧を持っているか。その努力をしているか」を問うているのです。

転んだときに痛いのは、皆同じです。傷つきやすい人もいるでしょう。しかし、傷つきやすいなら傷つきやすいなりに「だからこそ、私は、失敗する確率の高い仕事にぶち当たっていく際には、人の二倍も三倍も時間をかけて準備しよう」と考えられるかどうか。転んだときに、そこから立ち上がる難しさをわかった上で、自分で何とか立ち上がる術《すべ》を持っているかどうかです。

失敗しない人などいません。他の人と同じ努力をした上で、挑《いど》んで失敗したなら、それは〝当たり前の失敗〟です。それ自体はよくあることです。しかし、問題なのは、失敗して立ち上がれなくなることです。そんな姿を見れば、採用する側は、「ああ、これだと、うちでは使えないな」と判断するでしょう。

そういうわけで、失敗したとしても、そこから立ち上がる強い心というものを築き上げていただきたいところです。

大川総裁は折に触れ、若い人に対して、「迷ったら、難しい道のほうを選ぶ」ことの大切さを述べています（『忍耐の法』など）。

それはなぜか。困難な道を進めば、失敗する確率は高くなります。けれども、失敗は必ず、心の「バネ」になるからです。

失敗して、挫《くじ》けて、いじけてしまったら、それでおしまいです。そうではなく、なぜ失敗したのかを分析し、自分の考え方の間違いや、準備の不足、愛の不足といったものなどをきちんと点検し、次に同じ壁にぶち当たったときには失敗しないようにすればよいのです。

伝道においても同じことが言えます。やり続けていれば必ずできるようになっていきます。一回、二回、三回、十回と〝失敗〟して傷ついたとしても、それは実力や、相手を真剣に思う気持ちが足りなかったからだと気づくための宝です。

この「気づき」が大切です。何度も失敗を重ねて、「他人に関心がなかった自分」「自分のことばかり考えていた自分」というものを発見できたなら、あとは人生に勝利しかありません。

宗教であろうが企業であろうが、他人に関心のない人は成功できません。相手の顔色の変化一つに気づき、気持ちに寄り添うことができなければいけません。「自分の発した一言《ひとこと》で相手がサッと顔色を変えたなら、話題を変える」というように機転を利かせることができるか。事業の成功は、こうした高度な人間力を総合的に発揮できるか否かにかかっています。それは、楽な道を歩いていては身につきません。常に困難な道を選び、その道を努力して進むことで身についてくるはずです。

市場をつかめない理由は「自分中心である」こと

「正確で速い仕事をする」「プラスアルファの仕事をする」「難しい仕事でも成功を目指す」「失敗しても何か気づきを得る」という話をしてきました。ここまできて、ようやく「仕事で付加価値を生む」という段階に至ります。

仕事で付加価値を生むには、まず「お客様に信頼されるか」「お客様の気持ちを理解できるか」といったことが問われます。

仏教に「阿羅漢《あらかん》」という言葉があります。幸福の科学では、宗教的な修行によって阿羅漢の境地までいけば、「他人の気持ちが手にとるようにわかる」(『太陽の法』)と説明しています。また、この阿羅漢の境地については、「真理に目覚め、仏を信じて努力・精進《しょうじん》していけば、誰でも阿羅漢の境地にまでは達することが可能である」(『発展思考』)とも説かれています。

他人に関心を持ち、「この人は、何を欲しているのか。何を考えているのか」がわかれば、その人に必要な言葉を与えられるようになっていきます。人の気持ちをつかむことができるということは、経営的に言うと、「市場をつかむ」ということになります。

『未来創造のマネジメント』にはこうあります。

結局、事業というものも、相手があってのものなのです。

そのため、実際に経営をしたことのない学者が書いた、マネジメントの本を読んでも、経営がうまくできるようにはなりません。

「お客さま」「顧客」など、言い方はいろいろありますが、経営は、あくまでも相手があってのものです。

別の言葉で言うならば、「市場（マーケット）のなかで成果をあげる」ということです。これが事業の本質なのです。

市場のなかで成果をあげるためには、多くの人にとって役に立つような商品や製品、サービス、考え方などを提供して、ある種の賛同、あるいは感動を呼び起こし、その人たちに、繰り返し、「何らかのかかわりを持ち続けたい」という気持ちを起こさせることが大事です。

そうした気持ちを起こす人、要するに、「リピーター」が増えていくと同時に、新しい人、新規の客も増えてくるようなスタイルが出来上がれば、いかなる業種であろうとも、成功せざるをえないのです。

本質は、ここにあります。
事業経営の本質は、ずばり、市場をつかむことにあるのです。
『未来創造のマネジメント』319〜320ページ

では、「市場をつかむ力」の根っこにあるものは何か。それは、「魅力ある人間かどうか」ということではないでしょうか。一緒にいて楽しいとか、話題が豊富だとか、役に立つことを教えてくれるとか、この人と話していると未来が見えてくるとか、そういった魅力がマーケットに影響力を持ちます。言葉を変えれば、「求められる人間になっているか」「求められる製品やサービスを提供できる自分になっているか」ということでしょう。

では、逆に市場をつかめない理由とは何でしょうか。大川総裁は一言でこう指摘します。

市場をつかむために、数多くの会社や店が営業活動を行っているわけですが、市場をつかみ損ねているところが数多くあります。

その理由のほとんどは、すでに述べたように、やはり、「自己中心になっている」ということです。

『未来創造のマネジメント』321ページ

人の気持ちがつかめない。人から信頼されない。その結果、市場をつかめない。その理由は、「自己中心である」からです。

自己中心的な人物や企業には、愛がありません。愛のない人には魅力がなく、人に求められることもありません。大川総裁は、こうも指摘しています。

どうしても「生産者中心型」、あるいは「売り手中心型」で物事を考えがちではあるのですが、それは、人間の本能であり、動物性でもあると思うのです。動物はみなそうです。すべて「自分中心」で物事を考えています。

しかし、視点を変えて、自分の行っている商売なり、ビジネス交渉なりを、相手側の視点で見ることができるかどうか、あるいは、もう一段高い視点から見ることができるかどうか。これは、非常に大事なことです。

やはり、「相手の立場に立って考えている」ということが、相手に分かってくると、信用がついてきます。この信用というものが大きいのです。

『経営が成功するコツ』50ページ

セブン‐イレブンにおける愛の実践

コンビニ業界を例に考えてみましょう。

ここにきてようやく成長は鈍化《どんか》していますが、この三〇年間、コンビニ業界は右肩上がりの拡大を続け、業界全体の売上高《だか》は一〇倍にも成長しています。その筆頭は、三分の一以上のシェアを誇るセブン‐イレブンです。

セブン‐イレブンの創業者である鈴木敏文《としふみ》氏（元セブン&アイ・ホールディングス会長兼CEO）と、その上司でイトーヨーカ堂を創業した伊藤雅俊《まさとし》氏とは、証券会社時代に何度かお話しする機会がありました。

彼らと話していて感じたのは、経営者の考え方がそのまま企業風土になるということです。特に、セブン‐イレブンの場合、鈴木氏の考え方が浸透《しんとう》していました。

鈴木氏は常日頃からこう話していました。

「せっかくセブン‐イレブンにきてくれたのに、ほしかったものがなかったということだけは避けたい」

これは、機会損失（売り損じ）を限りなくなくしたいということです。お客様ががっかりすれば、リピーターは減ります。

鈴木氏の考え方は全社に浸透し、企業風土として根づいています。これがセブン成長の原動力です。

創業者の考え方を浸透させるために、毎週全国の店長を本社に集め、繰り返し理念の共有を図りました。今では、店長の人数が増えすぎたので、店長の上で数店舗をマネジメントする管理職を集めて、隔週《かくしゅう》で会議を開いているようですが、それでも莫大《ばくだい》な交通費をかけて、経営トップの考え方の浸透を図っています。その結果、「顧客の立場で考える」習慣が現場にも浸透していったのです。

たとえば、大川総裁の秘書があるお店で「お惣菜《そうざい》パッケージのサイズが大きいから、一回食べ切りのサイズになればいいのに」と話していたら、次に行ったときに小さいサイズのお惣菜が出ていたそうですが、顧客の立場で考えるとはこういうことです。

また、鈴木氏は自身で弁当を購入して食べてみておいしくなければ、「お客様に提供すべきではない」と、即刻店頭からの撤去を指示し、北海道から九州まで二〇分以内に撤去させたと言います。

これこそ「機を見るに敏《びん》」です。「ニーズがあるのなら、それでやっていこう」

「お客様にとってよくないなら、すぐにやめよう」という考え方が、セブン‐イレブンの「負けない企業風土」になっています。

鈴木氏の「機会損失をなくしたい」という考え方の裏にあるのは、愛の心です。一九七〇年代のテレビCMでは「開いてて良かった」というフレーズでお馴染《なじ》みでしたが、当時、朝七時から夜一一時まで営業している店はありませんでした。今ではコンビニは二四時間営業が主流になっていますが、本当に便利です。客としては、「開いてて良かった。本当に助かった」という気になります。その喜びが、リピーターを生むことにつながったのです。「商売のために喜ばせているだけ」という考え方もあるかもしれませんが、「顧客の幸福」というのは、もっと純粋なものではないでしょうか。

二四時間営業が当たり前になった現在ならともかく、二四時間営業はおろか、深夜営業をまだ誰もしていない時代に、はじめて長時間営業を実行するのは大変だったでしょう。人の手配、運送の手配、商品の手配など、すべてがはじめての試みですから、最初はトラブル続き、失敗続きだったかもしれません。試行錯誤《しこうさくご》を繰り返しながら、スムーズに営業できるようになるまでには相当な苦労があったはずです。「単に儲《もう》けたい」という動機だけでは割に合わない大変さであったことでしょう。それをやり切り、やり遂げたもとには、やはり「お客様を喜ばせたい」という情熱があったはずです。でなければ、身体も精神も保てるものではありません。

深夜営業、二四時間営業、公共料金支払い、ＡＴＭの設置など、業界に先駆けて新しいサービスを導入できたのは、いずれも強い愛の思いがあったからです。これこそ、セブン‐イレブンが業界のガリバーになっていった要因です。

セブン‐イレブンが実践した「愛」とは、大きなイノベーションだけではありません。小さな「気づき」をおろそかにしないことも大切な愛の実践です。「お客様のほしいものが店頭にない」という欠品をなくすための取り組みなどはその典型です。人の喜びや悲しみ、気持ちの変化といったものを放っておかないで、それを必ず次のチャンスに商品やサービスに転化していく。それができたから勝ち残っているのです。

プロ意識を持つ

「自分中心ではいけない」ということは、「看板を背負う」という考え方にもつながります。

私であれば、学校法人幸福の科学学園の理事長ですから、幸福の科学の看板を背負っています。その私が交通事故を起こしてニュースに出たりしたら、どうなるでしょうか。「幸福の科学・渡邉和哉」あるいは「幸福の科学学園理事長・渡邉和哉」と名前と顔が出れば、教団や学園に多大な迷惑をかけることになります。

HSUの学生であっても同じことで、何か問題を起こした場合、「HSUの学生が××をした」と報道される可能性があります。

逆に言うと、「幸福の科学はこんな社会貢献をしています」「ＨＳＵの学生はこんな地域貢献をしています」ということが積み重なれば、信頼につながっていくはずです。

そう考えれば、「今、自分は学生だからといって、自分中心の生き方をしていて本当に良いのだろうか」ということに気づくはずです。学生も教職員も、ＨＳＵや幸福の科学の看板を背負っています。私たちの言動一つひとつが、幸福の科学への信頼につながります。まして、これから社会に出て経営者になっていこうと決意しているのであれば、今は重要な立場に置かれていなかったとしても、軽率な言動は避けなければいけないでしょう。

これは一つの習慣です。「社会に出たらしっかりやります」「幹部に取り立てられたら頑張ります」ということではなく、今から気をつけるのです。土俵に上がる前から、すでに戦いは始まっているのです。

言葉を変えて言うならば、「プロ意識を持て」ということです。

プロなら、ものごとが「できて当たり前」であるし、「付加価値を乗せることができて当たり前」という心構えと技術を持っています。

プロになったらプロ意識が芽生《めば》えるのではなく、プロ意識があるからプロになっていくのです。この順番を間違えてはいけません。まず、プロ意識を持つことが大事なのです。

消費者視点で考える——USJの事例から

プロ意識を持つ人の例として、経営難に陥《おちい》っていたユニバーサル・スタジオ・ジャパン（USJ）をV字回復させた森岡毅《つよし》氏というマーケターが挙げられます。

森岡氏は二〇一〇年にUSJの再建を始めたのですが、二〇一二年には、新エリア「ユニバーサルワンダーランド」をオープンしてファミリー層の集客を劇的に増やし、二〇一四年には「ウィザーディング・ワールド・オブ・ハリー・ポッター」

をオープンして爆発的に大ヒットさせるなど、七年間、毎年一〇〇万人ずつ来場者数を増やしてきました。

今まで誰もできなかったことをやり遂げたわけですから、簡単に物事が進んだわけではありません。新しいことをやろうとするたびに、ことごとく内部で反対されたそうです。その反対の声を一つひとつ説得して、一歩ずつ駒《こま》を前に進めています。

森岡氏は、マーケティングを専門にするプロです。プロだから、たちどころに鮮やかなアイデアがひらめいて、打つ手が見事にはまって大成功、となったわけではありません。「これでもか」「これでもか」と、泥臭《どろくさ》く次なる手を打ち続けています。何が当たるのかはわからない。失敗するかもしれない。しかし、できること、やるべきことを片っ端《ぱし》から実行に移して試していく。知恵も使いますが、身体も使います。最後は気合と情熱も注入します。それでやっと成功です。

これが当たり前なのか、当たり前ではないのか。それを考える必要があります。

実力の一〇〇%以上の仕事をし、自分が思いつく限りのことをやり続ける。そういう情熱があったからこそ、成功に至っています。

そのベースにあるのは、セブン - イレブンの事例でも触れたように、やはり「愛」の心です。

森岡氏は著書で、V字回復の原動力について、「USJが消費者視点の会社に変わったということ」だと述べています。

セブン - イレブンの鈴木敏文氏は「顧客の立場で」という言い方を繰り返していましたが、森岡氏は「消費者視点」と述べています。基本的には同じ意味と考えてよいでしょう。

「お客様の喜ぶアトラクションをつくっていこう。自分たちつくり手であるUSJ側の気持ちではなくて、お客様が喜ぶか、感動するか。そういう視点で物事を考えよう」

そういう考え方を「消費者視点」と呼んでいます。つまり、今までの常識に縛られることなく、お客様が喜ばれることを全部やっていこうということを、森岡氏は改革の柱にしたわけです。

リスクを負ってチャレンジする

なぜ、そのような発想ができたのでしょうか。森岡氏は神戸大学を卒業後、P&Gという外資系企業に入社しました。日本でも有名なアメリカの会社です。外資系は実力本位です。日本企業のように、就業が保証されるような仕組みではありません。「仕事ができなくなったら、さようなら」と言ったら極端かもしれませんが、完全なる実績主義、成果主義なのです。日本人でこういう企業に就職するには、相当な自信や勇気が要るでしょう。

証券会社に勤めていた頃、私の周りでもよく、仕事ができる同僚が外資系企業にヘッドハンティングされていきました。すると、年収がいきなり三倍や四倍になります。「すごいなあ」と思うのですが、その後、わずか一年でクビになることがありました。要するに、会社が求めたコミッションを挙げることができなければ、一年でクビになる。けれども、良い仕事をすれば、収入は四倍にも五倍にもなっていく。実力本位とはそういう世界です。

一方、日本の証券会社や銀行はリスクをとても嫌います。会社の手持ちの日本国債や米国債（トレジャリーボンド）などのことを「ポジション」といいますが、ポジションを持つことをとても嫌うのです。在庫を抱えるとリスクが生じるからです。日本の証券会社の多くは、営業の担当者が債券を買って手持ちのポジションで営業することを禁止します。そうではなく、お客様に買ってもらい、お客様にリスクを取らせようとするのです。

ここが、外資系の証券会社と大きく違います。外資系は、何かあったらクビにする代わりに「一〇〇〇億円のポジションを与える」などという感じで、ポンと裁量を与えているのです。一〇〇〇億円というと大きな数字に見えますが、銀行や生命保険会社を相手にしていればワンショットで五〇〇億円くらい動きますので、そのくらいの額は当たり前です。「これから金利が下がる」「金利が上がる」という相場《そうば》見通しに確信が持てるのであれば、自分に与えられたポジションをロング（買ったままの状態にすること）にするか、ショート（先物《さきもの》などで買った状態のこと）にするかを決めることができ、自分でも儲けることができるし、お客様に有利な商品を提供できるようになってくるのです。

ゴールドマン・サックスという有名なアメリカ系企業がありますが、ここの担当者はポジションを一〇〇〇億円持たされるそうです。それだけの裁量が与えられていて、その見通しが当たっていれば、野村證券や大和証券が束《たば》になってもかなわないでしょう。相当安いレートでお客様にとって有利な条件で商品を出せるからです。

このように、海外の場合、「自己責任」の考え方が徹底しています。「外したらあなたのせいですよ」というのが明確になっています。ポジションを与えられる代わりに、一年でクビになるようなリスクも出てくるのです。

そういう世界を経験した森岡氏は、潰れかけたＵＳＪを立て直すために、リスクを取って新しいことをしたのです。当然、従来通《じゅうらい》りやってきた人たちは、従来のやり方で失敗していたにもかかわらず、新しい方針に反発しました。

たとえば、「後ろ向きに走るジェットコースター」も、森岡氏が手がけて大ヒットしたアトラクションです。このアイデアは、夢の〝お告《つ》げ〟で見て、起きてすぐにメモ帳に書き留めたものを実現したと言います。

しかし、アイデアを思いつけば即実行できるというわけではありませんでした。実際、技術陣がまず「絶対に無理」と反対の大合唱をしました。安全性の確保が難しく、許認可が取れないというのが彼らの言い分です。森岡氏は傲然《ごうぜん》と言い放ちました。

「アイデアを批判する前に、代案を出せ」

「やれない理由より、どうしたらやれるかを考えろ」

森岡氏は、経営トップにかけ合って後ろ向きジェットコースター導入の合意を取りつけ、再度、技術陣を説得します。結局、森岡氏の情熱に引っ張られる形で、多くのメンバーが実現に向けて献身的に取り組むようになりました。導入したときには、長蛇《ちょうだ》の列ができ、日本のアトラクションにおける待ち時間の記録を更新するほどのヒットとなりました。

ひらめきだけで成功できたわけではありません。本当に熱意を持って、お客様の喜ぶ姿のために新しいものをつくろうとしたことで、粘《ねば》りが生まれ、交渉力が生まれ、その結果、大きな成果につながっていったのです。

商売の基本は愛を与えること

森岡氏が手がけた企画に、「ハロウィーン・ホラーナイト」があります。「バイオハザード」のようなゾンビがたくさん出てくる中で、キャーキャー言いながら逃げ回って遊ぶのです。ディズニーランドなら、可愛くて子供も楽しめるようなハロウィン企画をやりますから、テイストが全然違います。怖いゾンビに追いかけられてキャーキャー叫んで大騒ぎすることでストレスが発散できる、そういうニーズが特に若い女性にはあるはずだ、ということでつくられたのです。

このニーズは確かにあるのかもしれません。ジェットコースターなども、落ちるときに「ギャーッ」と叫ぶことでストレス発散している面があるでしょう。

このニーズに目をつけたのは、森岡氏の海外で暮らした経験からきているようです。「日本の女性は、他の先進国の女性に比べて、家事負担や子供の養育負担が非常に重い。そのため、奥様たちのストレス解消の場が、テーマパークみたいなところにしかない。ならば、ここでスカッとした気持ちにさせて、奥様たちの苦労に報《むく》いたい」ということらしいのです。これは、幸福の科学的に言えば「奥様たちを幸福にしてあげたい」という動機でしょう。

やはり、商売の基本は「お客様目線」「愛を与えること」にあるわけです。

森岡氏自身の著作を読むと、マーケターとして、数字を駆使して、確率や統計を計算して、合理的な判断を下していることがわかります。

しかし、それは決して本質ではないことを知っておく必要があります。その奥にあるのは、「このテーマパークを通じて幸福を広げていきたい」「日本をハッピーにしたい」と言い切っているその思いです。「高等数学を駆使すれば、マーケターとして成功できる」というように理解すると、道を誤ることになります（数学が不要だと言っているわけではありません）。

意外なことに森岡氏は、自分はクリエイティブな才能がない凡人だと述べています。「ウィザーディング・ワールド・オブ・ハリー・ポッター」も、アメリカのオーランドにオープンしたものを見て「日本でもやりたい」と思ったところからスタートしたもので、オリジナルの企画ではありません。

つまり、ゼロからアイデアを出しているのではなく、世の中で流行《はや》っているものを日頃から研究して、良いと思うものを取り入れるという方法を採っているのです。そのため、プライベートの時間に人気マンガを読んだりゲームをやり込んだりしています。それも、家族との時間や睡眠時間を削ってやっています。人間である以上、一日は二四時間で、一年は三六五日しか与えられていません。誰でも平等です。その限られた時間を使い、私的な時間の多くをつぎ込んで、流行の研究に没頭しています。〝才能のなさ〟を努力でカバーしているわけです。

森岡氏は言います。

「ある問題について、地球上で最も必死に考えている人のところに、アイデアの神様は降りてくる」

ものすごく強烈な問題意識を持ってアイデアを練っているのです。しかし、実際には「地球上で最も必死に考えている」レベルの問題意識を持つのは難しいでしょう。それを可能にしているのは、やはり、「USJを通して幸福な社会をつくっていきたい」という情熱があるからでしょう。逆に言えば、それほどの努力をしていないのであれば、実はその情熱もそれほどではないということだと思います。

使命感から熱意が生まれる

こうした「プロ」の姿勢を、どう感じるでしょうか。ある意味でクレイジーな印象を受けたかもしれません。しかし、新しい事業で成功するには、ある種のクレイジーさは必要です。

異常性のある発展をしたところは、残らず、そこの経営者が、「異常性のある熱意」を持っています。その熱意は並ではありません。いわゆるサラリーマンの熱意とは違います。サラリーマンの熱意は給料の範囲内でしょう。異常な発展をしたようなところは、すべて、経営者の熱意が普通ではないのです。

『社長学入門』２５２ページ

森岡氏は、経営者としてUSJに入ったわけではありませんでした。のちに役員になりましたが、入社したときの役職は部長に過ぎず、彼より偉い人はたくさんいました。しかし、その中で周りを説得し、企画を成功させ、実績を出し、三〇%だった新規事業成功率を九七%にまで引き上げて、新しいものにチャレンジするチャンスを広げていったのです。

二〇一四年にオープンし、USJを大躍進させた「ウィザーディング・ワールド・オブ・ハリー・ポッター」の投資費用は四五〇億円で、CEOのグレン・ガンペルをはじめ、幹部のほぼ全員が「クレイジーだ」と大反対したそうです。それを一年かけて説得し、形にしました。

経営者という立場でもないのに、あたかも創業社長のような熱意でもってプロジェクトを進めていったわけです。だからこそ、のちに役員になったのでしょう。先に熱意ありきなのです。では、その熱意はどこからくるのでしょうか。

トップのその熱意は、どこから来ているかというと、やはり使命感でしょう。その使命感は、どこから生まれているかというと、「『わが社は何のためにあるのか』という問いの答えを求めて考え続けている」ということでしょう。

『社長学入門』２５２～２５３ページ

森岡氏は次のような志を持っていました。

公器としてのＵＳＪという会社は、そのビジネスが根ざしているこの日本社会に対しても、大きな責任と可能性を持っていると思うのです。ＵＳＪが成長していくことで、雇用、納税、経済効果など、多くのプラスの波及効果を日本社会に還元していくことができます。（中略）

もしＵＳＪが倒れれば日本にある世界規模のテーマパークはＴＤＲだけという

ことになってしまいます。

東に1つだけ……。関東の人は困らないかもしれませんが、実はそれは日本全体のためにとてもまずいのです。なぜならより多くの人が動かないと経済が活性化しないのです。

森岡毅著『USJのジェットコースターはなぜ後ろ向きに走ったのか?』

あきらかに「部長レベル」の使命感ではありません。一企業のサラリーマンでありながら、本気で日本経済全体のことを心配し、「自分が何とかしなければ」と考えているのが伝わってきます。サラリーマンとしては十分な「異常なる熱意」です。これが森岡氏の情熱の源であり、成功の要因だと言えます。

感謝と反省によって成功軌道に乗っていくことができる

森岡氏は、日本企業の風土について、面白いたとえを使っています。ある人が「カレーライスがよい」と言い、別の人が「すき焼きがいい」と言うと、日本では「すき焼きカレー」を発明するという話です。確かに一種の知恵であり、発明であると言えますが、「それでは駄目《だめ》だ」と森岡氏は言います。マーケターなら、「間を取って落としどころを探る」のではなく、「消費者が何を食べたいか」を突き詰めないといけないのです。カレーがベストだと思うなら、カレーで全員を説得しなければいけないと言うのです。強引に突き進んでも、あとで破綻《はたん》しますから、途中経過における利害の調整をするのもマーケターの仕事です。

日本人は事を荒立てるのが嫌いですが、間を取って折衷案《せっちゅう》でいくと、結局、誰のニーズも満たさないということになりかねません。

折衷案でいくというのは、一見、気遣いがあるように見えますが、本物の愛ではありません。お客様を幸せにするために、反対意見を説得し、障害を乗り越えて、どこまでも最大限の幸福を目指していってこそ本物です。

新しい事業ほど波風が立つものです。鈴木敏文氏がセブン‐イレブンを始めるときには、多くの人が「無理だ」「やめろ」と反対しました。ヤマト運輸の小倉昌男氏が宅急便を構想したときも反対の嵐となりました。いずれも、大きな成功を収めたサービスですが、最初は多くの人が反対したのです。しかし、鈴木氏も小倉氏も、「じゃあ折衷案でいくか」などとは言わず、自身の信じる最高のサービスを追求し続けました。

経営で成功するには、こうした意味でのチャレンジャーでなければなりません。あらゆることに挑戦していく姿勢が求められるでしょう。

失敗を恐れる必要はありません。失敗しても反省して教訓をつかんで自身の血肉としていけばよいのです。

成功すれば「周りの方々のおかげだ」と感謝する心を忘れず、うまく行かないことがあれば「自分自身の情熱や考え方が足りなかったのだ」と、自分に原因を求めることができれば、〝わらしべ長者〟のように成功軌道に乗っていくことができるはずです。転べば転ぶほど、自己変革が進んで人間として成長していく。そうすれば、手に持っている藁《わら》は、やがて大きな宝へと変わっていくに違いありません。

真に目指すべきは人間完成への道です。人間としての器《うつわ》を大きくしていくことで、経営者としての器も広がり、その分、多くの人を幸せにすることができるようになります。自分の器以上に成功するのは難しいのです。その本質を見失って、単なる金額としての利益や、形式としての成功だけを追い求めても、やがては失うことになるでしょう。

コラム② 金は天下のまわりもの

Question

信用を得るために大切なこと、実践すべきことは何でしょうか。

Answer

やはり、その人が〝醸《かも》し出しているもの〟が信頼関係につながります。
「富の悟りを得ている人」というのは、必ずしもお金のことを考えている人ではありません。むしろ「世の多くの人々がこの製品、このサービスによってハッピーになってほしい。国が発展していってほしい」という思いがあったからこそ富豪《ふごう》になれたはずです。

反対に、「愛の器や愛の考えがなければ、富豪にはなれない」とも言えます。お金というのは結局、愛の器があるところに流れ込んでくるものだからです。

「一人でも多くの人を愛したい」「一人でも多くの人を幸せにしていきたい」と思っている人のところに、お金は流れ込んできます。その「悟り」を得られるか否《いな》か。意外とこの考え方を信じることができる人は多くありません。

特に宗教的な性格の方は要注意です。キリスト教であれ仏教であれ、多くの宗教では、お金を「汚《けが》らわしいもの」と教えている場合が多いと思います。お金は欲望を増幅させる面があるため、「お金には心を惑わす危険があるから気をつけろ」という戒めを説いているわけです。実際にそういう面もあるでしょう。

しかし、お金自体が汚らわしいと思っていると、大富豪になった方たちが、愛の実践に励んで成功できたという話を信じられなくなります。さらには「きっと、裏ではアコギなことをしたに違いない」などと疑うようになります。しかし、成功した方々の真心や努力を認めない心は健全ではありません。「お金持ちは悪人だ」と心で思っていると、自分が豊かになれば悪人になったことになります。これでは成功するはずがありません。

したがって、まず「富に対する罪悪感」を克服しなければ、経済的な成功を収めることは難しいでしょう。

さらに、富に関しては「器」の問題があります。

たとえば、一〇億円の売上で、利益は二億円とします。これは、「この人の富の悟りは〝二億円レベル〟である」ということを意味します。

一方、一〇〇億円の売上があっても、そのまま経費などで一〇〇億円出ていってしまうのであれば、利益はゼロです。大きな仕事をしたとしても、お金は手元に残らず、貯金ができません。

一〇〇億円入ってきて、出ていくのが九八億円だとすれば、二億円残ります。この「いくら利益を残せるか」というところが「器」であり、経営者の悟りなのだと思います。

多くのものを与えていくことで流れ込んでくるものが多くなれば、さらに大きなものを生み出していけます。

一〇億円の売上を出して二億円の利益を得ていた人が、二〇億円の売上を出せるようになれば、次は四億円、五億円の利益を得て、その分をさらに大きなことに使っていけるかもしれません。

富の悟りは数式に表せるものではありません。お金とは「多くの方への愛」や「多くの方に感謝されたこと」の〝残りかす〟のようなものです。

したがって、「お金のために仕事をしよう」と考えるのではなく、世の多くの方に「ああ、良かったな」と思ってもらえるような、感謝されるような仕事を心がけていくと良いのではないでしょうか。

普段から心底「世のため、人のため」と思ってビジネスをしている人と、「自分さえ儲かればいい」と思ってビジネスをしている人とでは、醸し出す雰囲気が違います。当然、信頼されるのは前者です。成功するのも前者でしょう。

結局、心の中の姿勢がどうなっているのかが問われます。本心が「自分のため」か、「他人のため」か。その違いが信用を得られるかどうかの分かれ目になるのではないでしょうか。

参考書籍

大川隆法『仕事ができるとはどういうことなのか』幸福の科学出版
大川隆法『経営が成功するコツ』幸福の科学出版
大川隆法『幸福の科学とは何か』幸福の科学出版
大川隆法『忍耐の法』幸福の科学出版
大川隆法『太陽の法』幸福の科学出版

大川隆法『発展思考』幸福の科学出版
大川隆法『未来創造のマネジメント』幸福の科学出版
大川隆法『社長学入門』幸福の科学出版
稲盛和夫『稲盛和夫の実学』日本経済新聞社
鈴木敏文『売る力』文春新書
森岡毅『USJのジェットコースターはなぜ後ろ向きに走ったのか？』角川文庫
森岡毅『USJを劇的に変えた、たった1つの考え方』角川書店
鈴木敏文『挑戦　我がロマン』日本経済新聞出版社
小倉昌男『経営はロマンだ！』日経ビジネス人文庫

第三章

意思決定ができる人間になる

リーダーの意思決定は非常に難しい

経営者として成功する前提として、まず「信頼される人間になる」ことの大切さを述べ、次に「仕事のできる人間になる」べきだと述べました。本章ではいよいよ本論となる「経営のできる人間になる」ことについて説明していきます。

「経営」というと、少し抽象《ちゅうしょう》的でわかりにくいかもしれません。「経営とは何か」についてはさまざまな定義がありますが、経営とは要するに、「判断すること」です。判断こそが経営の根幹です。その商品を扱うのか扱わないのか。その商品を値上げするのかしないのか。その人を雇《やと》うのか雇わないのか。次の社長をA氏にするのかB氏にするのか。こうした判断の積み重ねで、会社は大きくもなるし、潰《つぶ》れもするのです。このような判断を最終的にする人が経営者です。したがって、意思決定が上手にできなければ、優《すぐ》れた経営者にはなれません。

リーダーになる人の意思決定というのは、非常に難しい問題を含んでいます。あらかじめ、意思決定の仕方を知識として学んでいれば、それが役に立つこともありますが、現実には、自分がそういう場に立ち、さまざまな試練のなかで、苦しみながら意思決定をしていかなければ、本当は、腕があがっていかないのです。

たいていの場合は、意思決定まで行かずに、判断のレベルで止まっていると思いますが、もう一段、判断が難しくなってきたり、重い責任がかかってきたりして、どうしたらよいかが誰にも分からないような状況になると、「リーダーの意思決定」が強く打ち出される必要があります。

どうしたらよいかが分かるのであれば、リーダーの意思決定は必要ありません。分からないから苦しいのです。そして、分からないから、そのなかで、「何を選び取り、どの方向を示すか」ということが、リーダーの仕事になるわけです。

意思決定は難しいことですが、「難しい」ということを知っているだけでも、十分な勉強になるのではないかと思います。

『未来創造のマネジメント』195〜196ページ

このように、経営者の意思決定は非常に難しいところがあります。どうすべきか誰にもわからないような場合や社内が真《ま》っ二《ぷた》つに分かれて対立している場合であっても、トップは何らかの意思決定をしなければなりません。そして、その結果に責任を取らねばなりません。

たとえば、幸福の科学では二〇一〇年に栃木県の那須に幸福の科学学園という中学校・高等学校をつくりました。その後、関西にも中学校・高等学校をつくり、HSUも開学しました。最初の那須での開学に、幹部は皆、大反対しました。かくいう私もその一人でした。

「東京で開かないと生徒募集が大変だ」という意見が大半でした。どう考えても

「那須の山奥に学校をつくったところで生徒はこない」と思ったのです。かといって、東京で学校を運営していくとなると資金の負担が重くなるので、教団運営にも大きな影響を及ぼします。そのため、「できない理由」を列挙して反対したのです。

しかし、大川総裁は「不便な立地でも全寮制にすればできる」と考えて、開学を決断しました。その後、幸福の科学学園では、大学進学の実績も挙がりました。チアダンスで世界一になるなど、想像以上の教育成果を挙げるようになりました。あのときに経営幹部の意見を取り入れていれば、中学も高校もなく、ＨＳＵもなかったはずです。したがって、私自身が幸福の科学学園の理事長になることもなく、本書を執筆《しっぴつ》する機会もなかったことでしょう。まさに経営判断によって、未来が大きく変わっていき、関わる人の人生も大きく変わっていくのです。

リーダーにしかできない意思決定

判断には、「経営の大きな流れを決めるための判断」と「運営レベルの判断」があります。リーダーにとって大切なのは、「経営の大きな流れを決めるための判断」です。

たとえば、「幸福の科学」という教団名を決めるときのエピソードが『未来創造のマネジメント』に紹介されています。

「いちばん最初の意思決定は何だったか」ということを考えると、それは、教団の名前を決めるときでした。私が、「幸福の科学」という名前を付けたとき、まず反対されたのです。

それは、私が出家する前のことです。当時、私は、ある出版社から霊言集を出していましたが、その出版社の人に、「『幸福の科学』という名前で始めたい」と言ったところ、「その名前では流行《はや》らない」と、猛《もう》反対されたのです。「霊言集を出している宗教なのに、『科学』というのは気に食わない。これでは、宗教として駄目《だめ》になってしまうから、『科学』と付けないほうがよい」「『幸福』と『科学』を『の』で結んで、『幸福の科学』というのは言いにくい。この名前では絶対に流行らないから駄目だ」などと言われたのです。

しかし、そのあと、幸福の科学が流行ると、「名前の付け方がよかったからだ」と言われるようになりました。世間の評価というのは、そのようなものです。結果がよければ称賛しますが、結果が出る前は反対するのです。

『未来創造のマネジメント』197〜198ページ

「幸福の科学」という名前は、大川総裁の最初の著書『日蓮聖人の霊言』で、「幸福科学」という言葉が出てきたことに由来します（『大川隆法霊言全集　第2巻』所収）。

さまざまな方の善意の意見を聞くことも大事ですが、最終的に決めるのは、やはり経営トップです。

また、初期の幸福の科学には「入会制度」がありました。私もはじめて知ったときはびっくりしましたが、当時は入会願書を提出すると「合格」「三カ月待機」「半年待機」「不合格」と判定されていました。なぜ入会できない人がいたのかというと、願書を通じて、その人の心境を大川総裁が見ておられたのです。のちに「特に、霊障《れいしょう》（悪霊等に憑依《ひょうい》されている状態）と思われる文章を書いてきた人については、待機の期間を長くして、すぐには入れなかった」と事情を明かしています（『経営と人望力』）。当時、「半年待機」になった人たちも、その話を聴いて、「ああ、自分はそういう時期だったのか」と納得していました。

宗教が試験をして入会を断るというのは、前代未聞《ぜんだいみもん》の意思決定です。その理由を、大川総裁は「この間《かん》に、運営ノウハウと基本教義をつくったりする時間を稼《かせ》いでいた」と説明しています（同書）。まさに、〝経営的〟な判断が背景にあったわけです。

勢いのままに教団を大きくするよりも、大きくなっても破綻《はたん》しないように、まずはノウハウを固めるという手堅い考え方があったわけです。

ネーミングは重要な経営判断

ネーミングにまつわる判断は、経営方針を考える上で重要であると同時に、わかりやすい面があるため、いくつか事例を挙げて説明します。

まず、幸福の科学の海外での呼び名に関する判断です。

幸福の科学は「ハッピー・サイエンス」という呼称《こしょう》を用《もち》いていますが、次は、ハッピー・サイエンスという呼称を決めた瞬間の質疑応答の引用です。

（編集注。「『幸福の科学』はアメリカ人にとって発音しづらく、当時使用されていた『The Institute for Research in Human Happiness』という英語名は長いため、何か他の名前を使うべきかアドバイスをいただきたい」という職員の質問に対し、）名前を短くしたければ、「ハッピー・サイエンス」を使ってもいいです。これなら簡単で、誤解する人はいないでしょう。（中略）
ＩＲＨというのは、私の翻訳《ほんやく》です。ごめんなさいね。あのころ、当会はとても小さな団体だったので、institute（機関、団体）でよかったのですが、今はとても大きくなっているので、別の名前が必要でしょう。松下電器がパナソニックに変えたように、別の名前が必要です。もしよければ、「ハッピー・サイエンス」を使ってもいいです。ハッピー・サイエンスなら簡単です。
『About *An Unshakable Mind*』40～43ページ

一見、あっけない決め方をしているように見えます。そのためか、当時は戸惑う声も珍しくありませんでした。

「ネイティブから見ると、『ハッピー・サイエンス』は〝いなかっぺ〟だ」と言う人もいました。先進国では「ハッピー・サイエンス」というと、「ファニーな名前だなあ」というイメージが一般的だと言うのです。同じように「ハッピー・サイエンス・ユニバーシティ」という名前に対しても、一部の大学の教授らの中には、「おかしいから、やめたほうがいい」「その意味がわかっているのか」と忠告してくださる方もいました。

しかし、大川総裁はおそらく、多くの人に覚えてもらえることを考えてこの名前をつけたのでしょう。最初は違和感があったとしても、「ハッピー・サイエンス」というのは一度聞けば覚えられます。

ハッピー・サイエンスが今以上に世界的な影響力を持つようになれば、違和感を覚える人も少なくなっていくはずです。

よく似た有名な事例に、ソニーの「ウォークマン」があります。当初は創業者の盛田昭夫氏も、文法的に変なので「ウォーキング・ステレオ」とかにするべきだと考えたそうです。実際、イギリスでは当初「ストウ・アウェー」、アメリカでは「サウンド・アバウト」という名前で売り出しましたが、人気が出なかったといいます。そんな中、英語圏以外の国では「ウォークマン」の名前で大ヒットしました。「ウォーク」と「マン」なら誰でも理解できるからです。ついに英米でもウォークマンの名称で売ることになりました。

おそらくハッピー・サイエンスも同様でしょう。「ハッピー」と「サイエンス」なら、どの国の人でもわかるからです。「IRH（Institute for Research in Human Happiness）（人間幸福を探究する団体）」のままでは英語圏以外の国にはあまり伝わっていなかった可能性もあります。

「何のためにこの仕事をしているのか」が判断の基準となる

「ザ・伝道」という布教誌を創刊する際にも、似たようなことがありました。

「ザ・伝道」とは、幸福の科学の教えによって幸福になった方の体験談などをつづった伝道活動用の小冊子です。一九九六年のことですが、ある職員が大川総裁に「この名称はやめたほうがいいのではないですか」という趣旨の質問をしたことがあります。「ただでさえ伝道が苦手な人が多いのに、それを前面に出しては逃げ場がなくなってしまう。そういう布教誌は信者さんが配れないのではないか」ということだったのだと思います。

それに対し、大川総裁は次のような趣旨の回答をしました。

「『ザ・リバティ』という雑誌を出しているが、ほとんど会員が買っている。実は一般は関係ない。会員が買って読めるものかどうか。会員が伝道自体を恥ずかしいと思っているなら、その会自体が間違っている。伝道できる団体にしたいので、題名を変える気は全然ない。それで部数が減るなら結構である」

伝道をミッションとする宗教団体が「ザ・伝道」という布教誌を配れないのなら、そもそも宗教団体をつくった意味がないという、非常に本質を突かれた答えです。

「何のためにこの組織は存在するのか」という経営理念の根幹を示しているため、布教誌の名前は変えられないという判断です。ウケ狙いで適当に布教誌のネーミングを考えているわけではなく、組織のミッションを体現したネーミングだったわけです。

このように、幸福の科学でつけられている名前には、一つひとつ、すべてに意味があります。その名前が仕事をするし、その名前をつけた思いが仕事をします。まさに「名は体を表す」という通りです。

この「思い」の部分が揺らいでいると、ネーミングも適当になりますし、経営判断も適当なものになります。名前一つとっても、どれほどの思いを込めるかが大事なのです。

この世で生きていると、「思い」の大切さを見失いそうになります。幸福の科学をはじめとして、多くの宗教では「魂が本質」だと教えています。魂とは霊的な自分のことで、「思い」そのものです。思いが本質なのに、肉体からくる感覚のほうを本質だと考えがちです。「とりあえず食・性・眠の欲望を満たすことができればいい」「お金や名誉や地位が手に入ればいい」といった考え方に寄っていくのです。

それを防ぐためには、「何のために」を問うことが大事です。「何のために」を問うことで、自分の人生の使命を考えるようになります。何のためにこの事業を営んでいるのかを考えるようになります。なぜ、この仕事をしているのかを考えるようになります。

そうやって自分の人生のミッションと、経営のミッションを明らかにすることで、経営判断がぶれないための軸ができてきます。

意思決定は、単純に「その状況において有利な判断を下す」という程度の文脈で行うべきではありません。人生をかけて、事業そのものをかけて全身全霊で判断していくものです。だからこそ、他の人には見えない〝生き筋〟というものが見えてくるのです。

志がなければ事業は潰れる

前節で申し上げた「何のために」は、言葉を換えると「志」ということになります。この志こそ、意思決定のもとになるものです。

当たり前のことかもしれませんが、志のない人に経営者としての成功はありません。

よく「二代目や三代目が会社を潰す」と言われます。それは、志なくトップになることができた場合が多いからです。二代目、三代目は、初代が「どれだけいろいろな問題を解決していったのか」「人間関係を調整していったのか」「銀行などへ金策に走っていたのか」といった大事なところを見ていません。「しっかり勉強しておきなさいと親から言われたなあ」という程度で終わっていることが多いのでしょう。

物心ついたときには大きくて新しい家に住んでいて、高級車がある。そうした恵まれた環境が当たり前になっています。自然に任せたままでは、志というものは伝承していかないのです。

だからこそ、「社是《しゃぜ》」や「家訓《かくん》」を遺《のこ》すのです。

大きくなった会社で社是のない会社はほとんどありません。たとえば、三井物産には「三井家家訓」が遺っています。

【三井家家訓】

一、同族の範囲を拡大してはいけない。同族を無制限に拡大すると必ず騒乱が起こる。同族の範囲は本家・連家と限定する。

一、結婚、負債、債務の保証等については必ず同族の協議を経て行わねばならぬ。

一、毎年の収入の一定額を積立金とし、その残りを同族各家に定率に応じて配分する。

一、人は終生働かねばならぬ。理由なくして隠居し、安逸を貪ってはならぬ。

一、大名貸しをしてはならぬ。その回収は困難で、腐れ縁を結んでだんだん深くなると沈没する破目に陥る。やむを得ぬ場合は小額を貸すべし、回収は期待しないほうがよい。

一、商売には見切りが大切であって、一時の損失はあっても他日の大損失を招くよりは、ましである。

一、他人を率いる者は業務に精通しなければならぬ。そのためには同族の子弟は丁稚小僧の仕事から見習わせて、習熟するように教育しなければならぬ。

（三井広報委員会ホームページより）

同じように、住友家にも、三菱の岩崎家にも家訓があります。

内容はいずれも「勤勉に働きなさい」「倹約しなさい」「苦労は買ってでもしなさい」といった道徳的なものが中心です。大きくなったところはこうして釘を刺しているわけです。「家訓に則って自分を律し、道徳的人間になる」ということは、志ある人間になることでもあります。

志がなければ、大成できません。第一章で述べたように、私たちは、「思った通りの人間になる」からです。

では、どのように志を育てればよいのでしょうか。

答えは「習慣」です。良き習慣が志を育て、未来の元手をつくります。

経営成功学部に入って、漫然と授業を受けているだけでは、経営者として成功することはできません。どれほど有益な講義を受けたとしても、志のない人や、やる気のない人は、大事な言葉が心に響きませんから、学ぶことができません。何も学ばないで成功することはできないでしょう。

あなたにとっての「未来をつくる元手」とは何かを、真剣に考えるべきです。

大川総裁の『繁栄の法』には、「成功の元手」として、「お金」「知識」「技術」「体力」「気力」の五つが挙げられています。この五つについて「良き習慣」の文脈で自身を振り返ってみると、志が本物であるかどうかが、ある程度わかります。

無駄遣《むだづか》いをしないでお金を貯めているでしょうか。読書に励むなどして知識を蓄《たくわ》えているでしょうか。将来の仕事に役立つ技術を何か具体的に身につけているでしょうか。体力づくりに励んでいるでしょうか。気力は充実しているでしょうか。お金を貯め、知識を蓄え、技術を磨き、体力をつくり、気力を満たして、皆様は何をしたいのでしょうか。どんなことをなし遂げたいのでしょうか。それを具体的に思い描くことが、志を固めていくことになります。

アンドリュー・カーネギーに学ぶ「思考をコントロールする力」

志を固めていくに当たっては、実際に成果を挙げ、多くの人々を幸福にしてきた企業家の言葉が参考になるでしょう。

まずは鉄鋼王《てっこう》と呼ばれたアンドリュー・カーネギーの言葉を紹介します。

◆家族のために働くことだ。それによって、少年から大人へ成長し、立派な人間になるのだ。役に立っているという実感がすべてなのだ。

◆泣き言を言ったり、あきらめたりするくらいなら、死んだほうがましだ。

◆私は人々のために働くことにおいて、その現状に満足することは決してない。

◆現状維持は即後退だ。

◆青年たちは、いわゆるつまらぬということによく、神々の最高の贈り物があるのを覚えておくべきである。

◆受けるよりも与えることのほうが、もっと幸福なのである。

◆揺るぎない成功を手にして有名になった人々を研究すれば、誰もが「明確な目標」を持っていることがわかるはずだ。

◆他人の心の助けなしには、大きな目標は達成できない。

◆大きな成功は、積極的心構えというものを知り、それを実行することによってなし遂げられる。

◆積極的心構えは、目標や願望をその通りの物質的、金銭的実体に変える自然の働きを促す。
◆思考をコントロールできなければ、行為をコントロールすることもできない。

こうした名言一つひとつに照らし合わせて、今の自分にできているかどうか、ぜひチェックしてみてください。

たとえば、アンドリュー・カーネギーは「思考をコントロールできなければ、行為をコントロールすることもできない」と述べています。当たり前のことではありますが、現実に、心の統御《とうぎょ》は難しいのです。

日々、何を思考しているか――それが私たち自身をつくっています。これをコントロールできなければ、欲望に忠実に生きている動物と変わりません。「お腹が減ったらご飯を食べ、疲れたら眠り、身体が臭《くさ》くなったら風呂に入る」という生き方では、動物と同じでしょう。そこには、何らかの付加価値が生まれるような思考はありません。

そうではなく、「多くの人を幸福にするサービスや製品をつくるために自分が中心的な役割を果たすのだ」という思考を持ち、ユートピアをつくっていくという思いを中心に据えなければ、そのための行動に変わっていかないのです。

「思考をコントロールできなければ、行為をコントロールすることもできない」という言葉は、見方を変えれば「反省しなければ成功しない」という意味にも受け取ることができます。反省しない人は同じ失敗を繰り返すからです。

幸福の科学の教えに触れた人は「八正道《はっしょうどう》」★を学んでいると思いますが、実践している人はどのくらいいるでしょうか。

八正道には「正語《しょうご》（正しく語ったか）」の反省があります。「自分は今日、こういうことを人に言ったが、その言葉はどういう気持ちから発したものだったのか」をチェックしなかったら、その言葉は「言いっ放し」です。本当に自分の言葉なのか。悪霊の作用を受けて出してしまった言葉なのか。天使がささやいて出た言

★八正道……仏陀が2600年前に教えた反省法。「正見」「正思」「正語」「正業」「正命」「正精進」「正念」「正定」の八項目からなる。

葉なのか。わからないままでしょう。

たとえば「勉強なんかそこそこにして、音楽を聴こう。映画を観に行こう」と言ったとします。その言葉はそれほど悪意があって発したものではないでしょう。しかし、厳密に言えば、勉強を後回しにして「欲望を満たす」ことを優先する思いがそこに見て取れます。もちろん、日頃から努力している人なら、たまには気晴らしも必要かもしれません。しかし、いつもそういうパターンで行動しているのであれば、その人は決して成功者にはなれないでしょう。思考をコントロールできないからです。「勉強する」という思考を自分でつくり出せないため、楽なほうへ向かってしまうのです。

遊ぶことが悪いとは言いません。しかし、年中誘惑に負けて、気がつけば勉強する時間がまったく取れていないという状態になっていたら、成功する見込みは限りなく薄いでしょう。

「勉強は試験のときに要点を押さえてやっているので大丈夫です」という考え方

もあるかもしれません。確かに要領も大切です。しかし、単なる手抜きであれば問題です。「学生の間だけは」と思って遊んでいて、社会人になったら切り替えて頑張れるかというと、そうはいかないのです。

第二章でも触れたように、「一事《いちじ》が万事《ばんじ》」だからです。「今日だけたまたま息抜きをしたかった」「学生の間だけは」と言っていると、万事においてそうなってくるのです。今日できない人は明日もできないし、学生のときにできない人は、社会に出てもできないのが現実です。だから、今すぐに、思考をコントロールし、行いをコントロールする習慣を身につけなければなりません。たとえ一日だけでも先送りする習慣ができてしまうと、習慣であるがゆえに、結局、永遠にしなくなるのです。

だからこそ、大川総裁は「凡事徹底《ぼんじてってい》」の教えを繰り返し説かれています。小さなことにも手を抜かないで、コツコツと努力を重ねる習慣をつけることの大切さを述べ続けているのです。

大川総裁は「良き習慣」について問われて、次のように答えています。

昨日私は、このことについてスタッフと話をしていました。私は自分について、「やはり、習慣が仕事をしている」と言っていたのですが、スタッフは「先生はすごく意志が強いですから」と言うのです。けれども私は、「何を言っているのか。意志が弱いから習慣をつくっているんじゃないか」と答えたのです。

「意志が強かったら習慣など要らない。意志でやるならやり抜けばいい。意志が弱いからこそ、習慣をつくって、毎日毎日やり続けていくうちに、成果があがってくるんじゃないか」と答えたのです。

『人格力』29〜30ページ

実は、霊的な人ほど意志を貫いていくことが難しい面があります。霊的な人というのは、人の考えが手に取るようにわかり、心の声が聞こえてしまうような状態になります。そのため、周囲の人の考え方に普通の人よりも影響を受けてしまうからです。

しかし、大川総裁は「習慣の力」を使って、それを克服しているようです。決まった時間、決まった場所で英語に取り組んだり、本を読んだりと、日々のルーティンにして勉強をしています。やると決めたことを、淡々と続けていく。だからこそ、二千数百冊もの本を出すことが可能になっているのです。

これは非常に大事な教訓です。なぜなら、私たち自身もできることだからです。最初は努力感が要るかもしれませんが、続けるうちにできるようになっていきます。これが習慣の力です。

私自身も英語学習に取り組んでいますが、「勉強しよう！」と決めても、最初の数日は一五分くらいやると〝息が上がって〟きます。「なぜこんなに集中できないんだろう。私の集中力は一五分でおしまいか」などと思います。

もう六〇歳を越えているのに、幸福の科学に奉職していると、恐ろしいことに毎年英語の試験があるため、必要に迫られて勉強をするわけです。試験がなくても勉強を続けられるような自分ならいいのですが、試験があるから勉強しようという情けないレベルです。そのため、大川総裁は、私のような者でも怠《なま》けずに修行を続けられるように試験という機会を発明してくださっています。

習慣化するに当たっては、「己心《こしん》の魔」と戦う必要があります。「もういいから休め」「疲れているし、大変な仕事もあるのだから、一五分も勉強すればもう十分ではないか」という耳元でのささやきです。こうした魔のささやきに抗《あらが》って三日間勉強を続けると四日目もできるようになり、一週間続けると、一時間勉強しても平気になってくるのです。このときに、できなかったときのことを振り返ると、「魔のささやきに負けていたのだ」ということに気づきます。

したがって、思考をコントロールできなければ行いをコントロールすることはできません。逆に考えると、「勉強ができない」「良き習慣を形成できない」ということは、思考がコントロールできていないということです。つまり、魔のささやきに〝やられている〟のです。これでは成功できません。

ジョン・ロックフェラーに学ぶ「お金持ちになる人の共通点」

次にロックフェラーの言葉を紹介します。

◆お金のために働くのではなく、お金が私のために働くようにしなければならない。
◆私たちの仕事は、両者が互いに利益を得るものでなければならない。
◆神様は私が稼いだお金を、主の御旨にしたがって分け与えることを知っておられるので、私をその道具として用いようとしておられる。
◆一時的で衝動的な利益を求めることは、自滅の結果を招きます。
◆小さな成功に満足せず、小さな勝利しか得られない細かいことには、エネルギーを無駄に使わないことです。

注目したいのは、冒頭の「お金のために働くのではなく、お金が私のために働くようにしなければならない」という言葉です。

この言葉は、〝お金持ちになる人の悟りの共通点〟のようなものです。「お金のために働く」というのは、「お金の奴隷《どれい》になる」ということです。

「成功してお金持ちになりたい」という人は多いはずです。その願望自体が間違っているわけではありません。しかし、それだけでは成功できません。なぜなら、そこには「多くの人を幸福にする」そのプロセスが見えないからです。

企業家というものは、製品やサービスを世に提供することによって、世の多くの人々を幸福にし、社会の発展に貢献せねばなりません。その成果の裏づけがあってはじめて、大企業になっていくのです。

多くの人に「利益を分け与える」と思うからこそ、協力者が現れ、関係者が豊かになり、繁栄の連鎖が起きます。そうすると必要なお金が集まってきます。まさに「お金が私のために働く」状態になります。お金が目的ではなく、お金が手段になるわけです。目的はお金ではなく、人々の幸せです。この発想の転換ができるかどうかが、本当の成功を実現できるかどうかの決め手となります。

ヘンリー・フォードに学ぶ「大きな志」

フォードの言葉も見てみましょう。

◆神は弱者の召使いではない。神は全力を出し切った者のために存在する。
◆奉仕をまず考え、仕事をできる限り最善の方法で行う人には、必ず道は開けてくる。
◆事業そのものをつくり出すのは、アイデアによって何かをなし遂げようとする人間なのだ。

◆金は事業のための道具にすぎない。必要以上の資金があっても意味はない。頭をよく働かせること、賢明な勇気だけが問題の解決に役立つのだ。

◆適正な利益は良いが過大な利益は良くない。

◆本当の事業家であるならば、社会全体の利益を考え、社会に奉仕し、貢献することを第一に考えるべきなのだ。

◆将来に対する不安を持たないこと、そして過去に対して崇拝の念を持たないこと。

ヘンリー・フォードは、一般的には無学な方だと言われています。しかし、無学ではありますが、多くの人に安い車を提供して労働を楽にしてあげたいという大きな志がありました。「金は事業のための道具」とも言っている通り、お金儲《もう》けをしたくて事業家になったわけではないことは明らかです。あくまでも「社会全体の利益」「社会への奉仕」を目的としていたのです。

熱くなければ人は動かせない

不思議なことに、歴史的な大富豪である三人の経営者の言葉からは、「お金持ちになりたい」というギラギラした思いがまったく感じられません。むしろ、その逆で、世のため人のためために尽くそうという純粋な思いが伝わってきます。「自分だけの成功」をはるかに超えた大きな志があったということが三人の共通点だとわかります。

したがって、経営者として成功したいのであれば、「家族に尽くす」「人の役に立つ」「世の中を明るく照らす」といった志を持つことが大事です。

少なくとも、「今はまだ、どういう企業をつくりたいのかわからないが、どのような下積みをやってでも、世界を代表するような企業をつくって世の中の役に立ちたい」という志を持つべきです。

二〇代の若い人たちであれば、これから死に物狂いで働けば、世界的大企業にまで発展できる可能性は十分あります。「こういうものが世の中にあれば便利なのにな」と思うもので、まだ誰もやっていないものをやっていけば、成功できるでしょう。

「熱い人になる」ことが大事です。知識も能力も大事ですが、それは、情熱があってこそ、本当の意味で身についていきます。

「熱い人」でなければ、他人を説得できません。他人を説得できなければ、人を動かすことができず、結局、経営にならないでしょう。

弁が立てば他人を説得できるというわけではありません。知識だけでも駄目です。大川総裁はこう指摘しています。

「人が人を説得する」というのは総力戦です。それは、過去の経験や知識の蓄積、人物眼、直感、霊感、守護霊や指導霊の力、仲間の力などの総力戦なのです。その結果が具体的な成果として表れるわけです。

『繁栄思考』49ページ

「総力戦」ということですから、人間としての総合力がカギになるということです。幸福の科学的には「霊格」と言えるかもしれません。霊格とはその人の心境の高さを言います。人格や霊格が優れているほど、やはり説得力も高いと言えます。では、霊格とは、どのようにして決まっていくのでしょうか。大川総裁は、こう指摘しています。

人間には霊格が備《そな》わっていますが、その霊格の高下とは、過去に積んできた実績の差、あるいは、その実績を出すための能力の差であり、また、各人がユートピアにかけてきた情熱の差であると言ってもよいでしょう。
すなわち、過去、ユートピア的価値観の下《もと》に生きてきた人、そういう実績を積んできた人は、それだけ霊格が高いわけです。

『ユートピア価値革命』167ページ

実績の差と情熱の差が、霊格の高下《こうげ》につながるということです。

今まで出会った人の中で最も「情熱のある人」を思い浮かべてみるとわかりやすいかもしれません。おそらく、その人が霊格が高い人なのだと思います。おせっかいで、口やかましい。「放っておいてくれ」と言っても、放っておいてくれないタイプです。こういう人は、多くの人を巻き込んで大きな仕事をします。

「熱意のある人」は、暑苦しくてうっとおしいところがあるため、格好悪く見えるかもしれません。クールなタイプのほうが格好いいと思うかもしれません。しかし、違うのです。まっとうな話を熱く語ることができる人でなければ、多くの人を感化することはできないでしょう。

したがって、まず熱くならねばなりません。経営者として成功したいのであれば、誰よりも熱くならねばなりません。今、あなたが熱くないのであれば、熱くなってください。それが感化力となって、人を動かすことになるのです。

コラム③ リーダーの率先垂範《そっせんすいはん》力

Question

リーダーシップを発揮する上で、どのようなことを心がければよいでしょうか。

Answer

幸福の科学の場合、基本的には「率先垂範《そっせんすいはん》」なのではないかと思います。自分から実践していくことは、感化力にもつながるのではないでしょうか。

普通の会社は、ピラミッド構造で、役員などの上の人たちが下の人たちに仕事をさせていくスタイルを取っていると思います。もちろん、マネジメントのスタイルとして「部下にやらせる」「部下を育てる」という手法はあるでしょう。

しかし、幸福の科学は、どちらかというと、役職が上がるほど仕事の内容が大きくなっていくという構造になっています。その最たる例は大川隆法総裁で、大川総裁が誰よりも働いているというのが実際のところです。

スタッフレベルの人は、「働きたい」と思っても、何をすればいいのかわからないというところからのスタートです。徐々にわかってくると、どんどん自分で仕事をつくっていき、役職者になるほど仕事が増えていきます。そのため、器《うつわ》を広げてスキルを上げていかなければ、落ちこぼれてしまう組織になっています。

したがって、私がリーダーシップとして心がけていることは「率先垂範」です。さらに言えば、自分の器を広げるための勉強や努力精進《しょうじん》を怠《おこた》らないことです。

しかし、もっと大事なことがあります。それは、天上界の高級諸霊、指導霊からの指導をいただけるような心を常につくっていくことです。

仕事は、〝自分で〟やろうとするとできません。そうではなくて、天上界の神々の助力をいただき、智慧《ちえ》や光、言葉をいただくことによって、仕事が進んでいくのです。「そのことをどれだけ知っているか」というところに尽きるのではないでしょうか。

『愛は風の如く』という小説に、繁栄の神・ヘルメスの生き様《ざま》が描かれています。これは私の受けた印象ですが、ヘルメス神も率先垂範の人だったのではないかと思えるのです。ですから、私は魂の深いところに「ヘルメス神のようなリーダーになっていきたい」という思いがあります。

率先垂範というのは、「やりたい」と思って、仕事をつくれるかどうかです。仕事がくるのを待っているだけではなく、自らつくり出し、具体化し、現実のものにしていけるか。「何をしたらいいかわからない人」は「使われる側」にならざるを得ません。この意味で、新しく仕事を構想できなければならないのです。

心の法則からしてもその通りで、「やりたい」と思う人が未来を拓いていきます。したがって、自分自身の心根《こころね》のところでの「発願《ほつがん》」や「菩提心《ぼだいしん》」、それらを中心とした「やる気」「情熱」「熱意」があって、そういったものが「行動」に転化していってこそ、人の心をつかむのだと思います。そういうリーダーこそ、「この人についていきたいな」と思われるようになるのではないでしょうか。

参考書籍

大川隆法『未来創造のマネジメント』幸福の科学出版
大川隆法『大川隆法霊言全集　第2巻』幸福の科学
大川隆法『経営と人望力』幸福の科学出版
大川隆法『About *An Unshakable Mind*』幸福の科学
大川隆法『繁栄の法』幸福の科学出版
大川隆法『人格力』幸福の科学出版

大川隆法『繁栄思考』幸福の科学出版
大川隆法『ユートピア価値革命』幸福の科学
大川隆法『愛は風の如く1〜4』幸福の科学出版
盛田昭夫『MADE IN JAPAN』朝日新聞社
アンドリュー・カーネギー『大富豪の条件』幸福の科学出版
アンドリュー・カーネギー『カーネギー自伝』中公文庫
ナポレオン・ヒル『一流の思考［前編］』きこ書房
ナポレオン・ヒル『一流の思考［後編］』きこ書房
イ・チェユン『ロックフェラーが知っていた「もうけ方」』小牧者出版
ヘンリー・フォード『藁のハンドル』中公文庫
ヘンリー・フォード『ヘンリー・フォードの軌跡』創英社／三省堂書店
ヘンリー・フォード『ヘンリー・フォード著作集（上・下）』創英社／三省堂書店

第四章 反省できる人間になる

経営者が成長しなければ経営の成功はあり得ない

「経営」というのはどうしても、「どれだけ業績が上がったか」「どれだけ業容が拡大したか」という点で成功・失敗を判断する面があります。しかし、ときどき原点に返る必要があります。すなわち、「経営者自身が魂を成長させ器《うつわ》を大きくしていかないと、経営の成功はあり得ない」ということです。そして、「私はどのような成長を目指すべきなのか」ということを、それぞれ自分の身に置き換えて考えていただく必要があります。

一〇〇億円、一〇〇〇億円と投資をしたのに、それが損失になってしまったとします。その痛みを肌で感じ、反省することは、当事者でないとできないでしょう。経営を勉強していても、〝ままごと〟では経営者の痛みがわからないのです。それでは智慧《ちえ》になりません。

だからといって、いきなりどこかの会社の経営者になったとしたら、大変です。

「やったことがないからできません」という言い訳は通りません。

幸福の科学の人事が良い例です。一介のスタッフだった人がある日突然、理事や局長に抜擢《ばってき》されることもあります。青天《せいてん》の霹靂《へきれき》です。けれども、「できません」が通じる世界ではないのです。

したがって、経営者を志す皆様には、できるだけ「その立場に自分がいたらどうするか」を真剣に考えながら勉強していただきたいと思います。これは「どこまで相手の立場に立てるか」という訓練でもあります。

何のために起業するのか

大川隆法総裁は「発展とは仏に近づいていくことだ」と述べています（『発展思考』）。

では「神仏に近づいていく」とはどういうことでしょうか。全知全能になり、わからないことがわかるようになり、未来も人の気持ちも全部わかるようになることでしょうか。そうではないと私は思っています。

神は、みなさまがどのように努力してもそうなることはできないような、与える愛の塊です。愛そのものの塊です。愛そのものの存在です。「存在の愛」の究極の姿です。

『信仰と愛』51ページ

神とは愛であり、生命を育《はぐく》む力であり、守る力です。そうした神のごとき心を自分自身も持ち、人々や企業、社会、そして国を愛していく。こうした「愛の器」を広げていくことこそ、「神に近づいていく」ということではないでしょうか。

多くの人を生かし、育み、幸福にしたいと願うからこそ、起業するのです。これは本書で繰り返し述べていますが、この出発点を間違えてはいけません。起業の原点はお金を稼《かせ》ぐことではなく、「神のごとく、愛ある自分を目指そう」とするところにあるのです。それこそ大川総裁が目指されている「経営成功」なのではないでしょうか。

私たちは、目指すものに近づいていきます。目指すものがなければ、漂《ただよ》うだけです。

そういう意味で、若い方は特に、早く「なりたい自分」を決めて、決めたらそれに向かって挑戦していくべきです。挑戦してみて「駄目《だめ》だ」とわかれば、違う道を探すのも良いでしょう。仮に「一度誓願《せいがん》が破れたらもう二度と誓願するな」という決まりがあるなら、何もできなくなってしまうでしょうが、幸い、何度誓願し直してもいいわけです。本気で自分がなりたいものがあるのなら、やり方を変えても、道順を変えても、何度も何度も立ち上がっていくべきです。

ジェームズ・アレンに学ぶ「心の力」

私自身、もともと〝この世的人間〟でした。証券会社で株価の上がり下がりに一喜一憂《いっきいちゆう》する仕事をしていました。その後、幸福の科学に入信し、霊的な存在を教わり、心の修行をしていく中で、思想的に影響を受けた方が三人います。ジェームズ・アレン、ナポレオン・ヒル、ノーマン・ヴィンセント・ピールです。

ジェームズ・アレンは『「原因」と「結果」の法則』という著書が有名です。簡単にまとめると次のようなことを述べています。

「あなたが今置かれている環境というのは、あなたの心の反映である。あなたが今、苦しんでいたり、悩んでいたりするのは、あなたの心に原因がある。環境のせいにするというのは、実は、自分の心の正しくない部分を認めないところからきている。清らかな心こそが、すべての成功のもとである」

このように「心こそがすべてのすべてなのだ」と言い切っている本は少ないと思

います。さらに、こうした心の法則（原因・結果の法則）を、宇宙を支配する法則と言っています。一時間程度で読めますし、読まないと損します。自己投資として自分で本を買い、しっかり読み込んでいただきたい本です。

ジェームズ・アレンの本には、「気高き心」「きれいな思い」「穏やかな心」といったキーワードが出てきます。こうした自分自身の内側にこそ、神の王国があるとも述べています。

したがって、シンプルにこう説きます。

「正しさを求めているか、いないか」

「その心は清らかで、正しいことを求めているか」

ある意味でそれだけです。

ジェームズ・アレンは経営に関する思想を説いたわけではありませんが、もし経営者にアドバイスをするとしたら、「人間としてのベースをつくらずに経営者などになろうと思うのは『分不相応《ぶんふそうおう》』である」――おそらくそう言うのではないでしょうか。

「清らかさ」は神の心につながります。神のごとき清らかな心で会社を見、未来を見る。そして、「わが社はこの世界に必要とされるのか」を考え抜き、経営理念をつくっていく。それこそが成功のもとなのだと、ジェームズ・アレンは教えてくれているわけです。

ナポレオン・ヒルに学ぶ「思考が持つ力」

ナポレオン・ヒルの名著『成功哲学』は、さまざまな出版社から出ていますが、産業能率大学出版部から出ているものがお勧めです。

本書で有名なのは「思考は物体である」という言葉です。

この真実を本当に理解するためには、まずは、「考えや心、魂が自分自身である」と自分に言い聞かせるところから始まります。そして、「自らの心が何を思っているか」を常日頃考え、自覚することです。

幸福の科学教学でも「人間は、その人が考える通りになる」「思った通りの自分になる」と教えられています（『常勝の法』『Think Big!』など）。これがこの世界の隠れたルールです。ジェームズ・アレンも「今、置かれている環境は、自分の心が引き寄せたものなのだ」と語っていますが、それを本当だと思えるか、思えないかです。

本当に、心が現実を引き寄せているのです。今、現れてきている環境は、良いものも、悪いものも、すべて自分の心の投影《とうえい》なのです。その「心」とは、潜在意識のことです。潜在意識が実体のあるものだと知り、それを動かすことです。

自らの願う通りの「理想的な経営者」や「宗教的な愛を持った人間」になっていくためには、「自分の心」というものを調整できるようになっていかねばなりません。

「心というベクトルを持った生き物」が、私たちの正体です。成功を目指すのであれば、「繁栄」「成功」「正しさ」といったものを求めるように、心を飼い慣らしていかねばなりません。その中には欲望のコントロールも入ります。お腹が空いたらご飯が食べたくなる。新しいゲームが発売されたらやりたくなる。けれども、すべてそのまま行動に移すのではなく、勉強すべきときには我慢《がまん》して勉強する。そういうコントロールをして、心を飼い慣らすのです。

そうした一つひとつの選択をする中で、ときには何かを犠牲にして「心の法則」に則った生き方をしていくべきです。何かを犠牲にしなければ大きな成功は得られません。

勉強をさぼって遊びたい時間。怠惰《たいだ》な自分。そういうものをあきらめ、努力精進《しょうじん》の道に踏み出していったとき、成功者への道が開きます。この世を含め、霊界はそういう法則で動いています。これを「代償の法則」と言います。ナポレオン・ヒル自身も、そうした心のコントロールを実践していたからこそ、この考えにたどり着いたのでしょう。

『成功哲学』はロングセラーとなっていますが、それは、この本を読んで人生が変わった人が大勢いるからでしょう。中には変わらない人もいるでしょうが、それは、〝やり方〟を求めているからです。ノウハウとして習得しようと思っている人は、求めているものが与えられません。必要なのは、心のベクトルそのものを変えていくことなのです。

ノーマン・ヴィンセント・ピールに学ぶ「求める心」

ノーマン・ヴィンセント・ピール博士の『積極的考え方の力』を読むと、私はいつも、すごく勇気づけられます。ピール博士の思想は、大川総裁の説く「常勝思考」の考え方のもとになったと言われています。

『積極的考え方の力』には、ピール博士のもとへ相談にきた人が、「こういう処《しょ》方箋《ほうせん》を実践したら救われた」という体験談がたくさん載っています。その体験談を「他人の問題」のままにせず、自分のこととして考えることで、得られるものがたくさんあるでしょう。

同書の真髄《しんずい》は、「自ら求めて神と一体となり、そのパワーを得る」ということです。「自分には技術も能力も足りないから、求めてはいけないんだ」ではなく、「自分は小さな存在で、力も足りないからこそ、神の恩恵《おんけい》が必要なんだ。求めるんだ」と考えるのです。

与えるか与えないかを決めるのは、神です。与えられなかったなら、努力の足りなさを反省すればいいのであって、先に「自分は努力が足りないから神の助力なんて得られるわけない」と決めてかかってしまったら、それこそ反省になりません。求めて、神が与えられなかったのなら、自らの未熟さや努力の足りなさを反省する。それくらいシンプルでいいのだと思います。

ざっくりと、成功哲学の大家《たいか》とも言えるアレン、ヒル、ピールについて紹介しましたが、いずれも「心の使い方」に焦点を当てているところに特徴があると言えます。

霊的自己認識が50%を超えると人生が変わってくる

実は、「心の力」をさらに強めるのが宗教修行です。

『成功の法』には「心は磁石《じしゃく》のようなもの」であると書かれています。磁石の引き寄せる力を強めるものは、「熱意」「願望」「信念」などで、それは潜在意識にあるものです。潜在意識とは、自分自身がずっと深いところで考えているもののことです。反省や瞑想によって、表面意識で考えていることと潜在意識で考えていることをどれだけ一致させることができるか。それによって、心の磁力は増すでしょう。

さらに大川総裁は「『霊的な自己』を認識している割合が五十パーセントを超えると、人生が変わってきますし、周りにも、今までと違った現象が起きてくるようになります」（『繁栄思考』）と述べています。

私たちは〝この世的人間〟です。どれだけ崇高《すうこう》な精神で生きようと願っても、お腹は空くし、眠くなります。肉体にとらわれて生きざるを得ません。そうした中で、「自分自身の本質は精神であり、心である」と知ることは困難です。

霊的自己を認識している人は稀《まれ》でしょう。しかし、心の実体をつかみ、自らが霊的存在だと気づいたなら、自分が思っている以上の力を発揮することができます。

皆様が成功していくためのビジネス・パートナーや協力者との出会いも、実は潜在意識下で始まっています。潜在意識は、深くたどれば他人の潜在意識ともつながっていると言われています。そのため、潜在意識が動けば、助けてくれる人が出てくるようになっているのです。

したがって、経営成功においては、実践論やノウハウを使いながらも、宗教修行を中心に据えるべきです。これは、幸福の科学の教団運営で大川総裁が実践してきたことでもあります。

〝自由になるお金〟に惑わされてはいけない

経営成功学では、「強者の戦略」から「弱者の戦略」まで、さまざまな経営における智慧を教えています。けれども、実際に、強者の戦略を取るべき人は多くありません。どんな大企業もはじめは小さなところからスタートしますから、普通は、弱者の戦略から始めないと、勝てません。

大川総裁からは、好不況を問わず生き延びるには「一番原初的で原始的なやり方」が大事で、「足元を固めなくてはいけません」と教わっています。

いちばん原初的で原始的なやり方が、好不況を問わずして生き延びるには大事なのです。

それは何かと言うと、来てくださるお客様一人ひとりの反応をよくし、満足していただき、「ここで買ってよかった」「ここのサービスを受けてよかった」と思う人の数をキープし、落とさないようにして、少しでも増やしていくようにすることです。

『経営戦略の転換点』44〜45ページ

客を呼び込もうと思って、バンバン広告を打って派手な宣伝をする方法もありますが、それは典型的な強者の戦略です。販売不振にあえぐ中小企業がやったら潰《つぶ》れてしまいます。

そうではなく、一人ひとりのお客様と誠実に向き合い、着実に喜んでいただくことが大事です。それが「原初的で原始的なやり方」です。

ある小売業《こうりぎょう》の創業経営者に、ＨＳＵにきて講演をしていただいたことがあります。その企業は三〇年以上にわたって増収増益を続けているそうですが、増収増益は一期するだけでも大変なことです。それを三〇年以上も続けているとなると、奇跡に近い実績です。その経営者は、幸福の科学の信仰を持ち、幸福の科学で説かれた経営の教えを実践している方ですが、どれほど血みどろの努力を重ねてきたのかと思うと頭が下がります。

普通なら、「このくらい売上が上がっているから、多少はお金を使ってもいいかな。万一、これだけなら失敗してもいいかな」という判断もあるでしょうが、その会社は、決してそうはしません。徹底的に失敗を避け、一円単位で利益を積み上げていきます。それまでの経験から、「失敗というのが、経営にどれほどの影響を与えるか」を熟知しているのでしょう。〝石橋を叩いて壊して渡れなくして、その上で橋を架けて渡るタイプ〟と言えるかもしれません。

経営者になると、結構なお金が自由になります。たとえば、上場企業や公開企業になったとすると、いきなり五〇億円や一〇〇億円の資産ができます。これは株式として保有しているもので、現金を持っているわけではありませんが、株式を担保として銀行にお金を貸してもらえるようになります。この場合、お金は、株を担保にして借りているものだから、損をすることは許されないはずです。

しかし、それだけのお金が〝自由になる〟と思えば、「今までできなかったけど、本当は、こういう企業をつくり、こういうことをしたかったんだ」ということをやりたくなるものです。つい自分の夢を実現したくなり、実行に移してしまいます。それがいけないわけではありません。しかし、得てして、急にできたお金でやる商売は脇が甘くなりがちで、失敗することが多いのです。

結局、その夢の事業が失敗すると、担保にした株（資産）は消えてしまいます。結局、夢はかなわず、資産も損なうわけです。

自分の欲望にお金を大量につぎ込んで失敗する人があとを絶ちません。これは、誰であっても、やってしまうことです。仏法真理を学んでいる人であってもそうです。むしろ、仏法真理を学んでいる人の落とし穴になる場合さえあります。

「大きな理想を持て」「願いはかなう」といった心の法則を学んでいると、「立派な理想を掲げていれば、失敗することはない」と思いがちです。しかし、その理想が自分の実力を大きく超えて、できもしないのに「できる」と勘違《かんちが》いして執着するようになれば、それは「欲望」です。

大きな理想を掲げてそれが実現しない場合、多くの人は「心の力が足りない」「思いが弱い」と思って、さらに踏ん張ろうとしますが、実際には「智慧が足りない」場合が多いのです。この場合の「智慧」とは、自分の願いが「過ぎた欲」かどうかを見極める力のことです。

一方で、大川総裁は現実問題を解決するための教えも説いているはずなのですが、自分に都合の良いところだけをつまみ食いしていると、こうした失敗につながりかねません。

智慧の獲得を目的とせよ

智慧が足りなければ、経営もうまくいきません。

そこで、「智慧」とは何かについて考えてみます。「智慧」とは仏教用語ですので、まずその本来的な意味を確認しましょう。

（編集注。仏陀の）最初の悟りは、「苦楽中道《くらくちゅうどう》」と言われているものです。「この世は、苦しみの多い世界であるけれども、苦しみのなかだけでも悟りは開けないし、王宮の生活のような楽しみのなかだけでも悟れない。やはり、苦楽中道のなかに真理を求めなければいけない」ということを、仏陀は最初に悟ったわけです。

「苦しみのなか」というのは、インドのヨガ行者《ぎょうじゃ》が今もやっていることです。彼らは、茨《いばら》の上で寝たり、釘が千本も立っている板の上で寝たり、片足で立ち続けたりするなど、いろいろな修行をやっています。なかには、「二十数年も片足を下ろしたことがない」という人もいますが、それらは苦行であり、すでに釈迦の時代にもあったものです。あるいは、「鶴《つる》や亀《かめ》など、いろいろな

格好をして、動かないでいる」という修行も、悟りとは無縁のことです。（中略）

仏陀は、「苦行は、本当の悟りへの道ではない。また、あまりに恵まれた、歓楽《かんらく》の生活のなかでも、悟りは得られない」ということを悟り、中道のなかに入ったのです。

これには、一緒に修行した五人の修行者からすれば、堕落に見えた面もあるでしょう。

しかし、仏陀は、中道に入ることによって、要するに、「肉体的な生活と霊的な生活とを調和させながら、真理を求める態度」を固めることによって、「智慧を得る」という立場を得ました。

実は、この「智慧を得る」という立場を得たことが、仏教のスタートラインです。「苦楽中道に入って、智慧を得る。この智慧が非常に大事なのだ。人生の主たる目的は、智慧の獲得にあるのだ」ということを悟ったことが、仏陀の悟りの出発点にあったのです。

『伝道の原点』40〜43ページ

釈尊は王族出身なので贅沢《ぜいたく》な暮らしをしていましたが、その後、出家して厳しい修行に励みました。しかし、どちらの生活からも悟りを得ることはできなかったのです。そうではなく、苦しみと楽しみの中道を行くところに悟りがあるというエピソードです。

「苦楽中道」という言葉を聞いて、「それは仏教の修行の話であって、経営者を目指す自分には関係ないのではないか」と感じた人もいるでしょう。しかし、欲望に惑わされて経営に失敗するというのは、仏教的に言えば「癡《ち》」（愚《おろ》かである）であり、智慧が足りていないということです。

生きていれば、悩みがたくさん出てきます。その悩みを解決しようと努力することで、智慧が得られます。家庭不和や顧客とのトラブル、その他さまざまな問題をいかに解決していくことができるか。これが智慧です。

大川総裁は「人生の主たる目的は、智慧の獲得にある」と述べています。この件について拙著《せっちょ》でも解説しているので引用します。


智慧とは悩みを解決する力であり、経営において厳しい局面に立たされた時に、事態を打開していく力となります。したがって、幸福の科学では、経営においても、悟りを開いて智慧を得ていく必要があるという立場に立ちます。

大川総裁は、「経営の世界も悟りの世界に似て、次々と悟りを重ねてゆかねばならない」と指摘しています。

智慧を得るためには、知識や経験を積み重ねていく必要がありますが、宗教的なアプローチとしては、「反省」という方法があります。

渡邉和哉監修・編著／村上俊樹編著
『ＨＳＵテキスト16 経営成功総論Ⅱ（下）』116ページ

反省の方法とは「八正道《はっしょうどう》」です。

経営者を志すなら、毎日、八正道を実践する必要があります。ちなみに、HSUの講義で経営成功学部生に聞いたところ、八正道を実践しているのは一割に満たない人数でした。その状態で会社を起こせば、経営に失敗する可能性が高いでしょう。厳しい局面を打開するための力を日々得ていないわけですから、智慧の不足が経営のボトルネックになると予想されるからです。

したがって、何としても、八正道を日々の習慣にしなければならないのです。

反省できない社長に待ち受けるものとは

経営者にとって、なぜ反省が大事なのか。大川総裁の解説を紹介します。

経営者は反省をしなければいけません。「あの客は、どうして来なくなったのだろう」と、反省に反省を重ねることが大事です。反省から智慧が生《う》まれて、発展が始まるのです。

反省をしている経営者は立派です。一般に、経営者は〝天狗《てんぐ》〟になってしまうことが多く、胸を張っていばっている人が少なくありません。基本的に反省できないか、反省したくない人たちなのです。そういう人が経営者になり、従業員を使って、いばっていることが多いわけです。

したがって、経営者に反省を勧めても、そう簡単には反省しません。いばっていたり、うぬぼれていたりするからです。「宗教家は偉いかもしれないが、金儲《もう》けの力は、おれのほうが上だ」などと思っています。そのうぬぼれをかち割るのは大変です。

特に、社長族というのは、極めて反省をしない〝種族〟と言えます。従業員が十人もいたら、もう反省しなくなります。自分を特殊な人間だと思って、いばっているのですが、それでは駄目なのです。社業を発展させたければ、反省をしてください。よく反省をし、改善をしようとする経営者のいるところは発展します。

「お客様が減り、苦情が来る」という状況があるならば、必ず問題点があるはずなので、それを反省しなければいけません。

従業員だけのせいにしてはなりません。「従業員の出来が悪いから、客が来なくなった」などと言っているうちは駄目であり、トップが反省をしなければいけないのです。

トップに、反省する習慣があり、「改善しよう」という気持ちがあれば、顧客は減らないのですが、トップがあぐらをかき、「自分は、従業員が三十人もいる会社の社長だ」といばっていて、仕事を従業員任せにしていたら、客は減り続け、いつのまにか倒産になったりします。

反省の習慣というのは、とても大切です。幸福の科学では、「反省から発展へ」という教えを説いています。「失敗や挫折をしたときに、反省によってその原因をつぶさに点検することで、次なる成功の要因とする」ということです。

企業経営においても、反省は、実は「発展の法」につながっていくものなのです。

『経営入門』44～47ページ

経営者を目指している人に対し、「〝反省のできない種族〟として羽ばたいていくのか」と問いかける内容です。「従業員が十人もいたら、もう反省しなくなる」とありますが、これは、「社長、それはおかしいですよ」と言ってくれる人がいなくなることを意味します。言ってくれたとしても、聞こえなくなっているのが普通です。

人に言われて、「ああ、そうか。おかしいのかもしれないな」と立ち止まってやり方を変えられる社長がいれば、その人は非凡《ひぼん》です。大川総裁が「一般に、経営者は〝天狗〟」と指摘しているように、たいていは「自分のやり方に間違いはない」と思って突き進んでしまうものなのです。

間違っているのに自ら止まれない場合、どうなるか。残念ですが、経営破綻《はたん》するか、世の中で大バッシングを受けるようなトラブルを起こすなどして、経営者を辞めさせられることになるでしょう。企業が生き残るには、天狗になっている社長が辞めるしかないからです。反省できない社長をクビにするには、赤字倒産や大きなトラブルくらいの荒療治《あらりょうじ》が必要です。

しかし、倒産しなければ自分の間違いに気づかないというのは、あまりにも愚かです。多くの人にも迷惑をかけてしまいます。

本当は倒産に至る前の段階で、「あれ、おかしいぞ。売上が伸びない」「お客様の動向が以前と違うかもしれない」と気づき、反省することができるはずなのです。それに気づかないどころか、部下任せになり、自分は内部管理することで経営している気になっていると、反省しないまま取り返しのつかないところまできてしまい、会社を潰すことになるのです。

命運を分けるのは、「反省できるかどうか」です。

そして、反省は習慣です。反省するのに特殊な能力は要りません。ただ、毎日の習慣として取り組むことができれば、大きな失敗を防ぐことになりますし、発展に必要な智慧を授かることにもなります。

潜在意識は〝暴れ馬〟のようなもの

結局、心がすべてです。反省をして、心を磨かねばなりません。「心の中で思っていることが実際に大きな仕事をする」ということが、本当の意味で理解できれば、反省の大切さがよくわかります。

たとえば、大川総裁は、人の心を見通すことができます。私たちの考えていることが手に取るようにわかるのです。幸福の科学で経営幹部になったことがある人なら、それが「現実」であることがわかります。

実際に、私自身、「渡邉さん。あなたの潜在意識はこういうことを言っています」と、表面意識ではまったく考えていないことをズバッと指摘されたことがあります。自分が自覚している表面意識のことであれば、コントロールのしようがありますが、幸福の科学では、自分が自覚できない潜在意識ですら統御《とうぎょ》するように求められます。これは非常に厳しい修行です。

しかし、これはとても大事なことです。たとえば、自分としては「心の底から発展したい」と思っているつもりでも、潜在意識では「うっかり成功したら大きな責任を負わなくてはならないし、ものすごい努力を求められるから、そこまで発展しなくてもいいや」と考えている場合があります。潜在意識というのは、わかりやすく言えば「ホンネ」のことですが、こういう心の状態のときに、本当に発展に向けて全力を出せるかどうかを考えてみてほしいのです。やはり、どこかで力が抜けてしまうのではないでしょうか。また、その人に接した人も、なんとなく「この人は本気ではないな」と感じるのではないでしょうか。

その意味で、ホンネであるところの潜在意識のレベルまで、正しい心のあり方というものを追求していく必要があるのです。

幸福の科学では、潜在意識のことを守護霊とも言っていますが、守護霊は〝暴れ馬〟のようなところがあります。

たとえば、嫌いな人がいるとします。誰でも嫌いなタイプというものはあるでしょう。通常は、「この人は嫌な人だな」と思うことがあっても、それを口に出すことはありません。しかし、守護霊は、もっと過激です。霊とは精神そのものですから、思い＝行動です。「こいつ腹立つな。殴《なぐ》ってしまえ」と心の奥で思ったなら、守護霊は相手のところに飛んでいって首を締めたり、殴ったりします。すると、相手は霊能者ではないので、はっきりとは感じなくても、何となく息苦しくなったり、こちらに敵意を感じたりするようになります。

その結果、相手との関係が悪くなったりします。「心の中で思っていることはバレない」と思って、思いのコントロールを怠《おこた》っていると、潜在意識は野放《のばな》しの暴れ馬の状態になるのです。

表面上、いかに立派なことを言って繕《つくろ》っていても、心の中が、上司に殴りかかり、取引先に食ってかかりという状態であったら大変です。そんな怒りの塊《かたまり》のような人とおつき合いしたいと思う人はまずいません。

したがって、自分の中に棲《す》む暴れ馬に対し、「いや、自分は愛の人になるんだ」「悟りの人になるんだ」と説得し、毎日心を見つめて反省し、心の中を常に善意で満ちた状態にするように潜在意識を納得させていかなければならないのです。

私自身、何度か大川総裁から心の状態を指摘されて、赤っ恥《ぱじ》をかきながら、暴れ馬を統御できるように心の修行を重ねてきました。

「なぜ、自分はこんなことで胸が痛くなったり、アップダウンしたりしてしまったのだろう」「なぜ、他人の言葉に、こんなに心が揺れるんだろう」「他人からどう見られるかを、どうして自分はこんなに気にしているのだろう」ということを考えていく。そしてその原因になっている心のクセを見抜き、改める。これが反省です。

実践しなければ愛は深まらない

ジェームズ・アレンが言う「私たちを取りまく環境は、真の私たち自身を映し出す鏡にほかなりません」という言葉の意味も、潜在意識や守護霊といったレベルで自分の心のありようを考えていくと、よくわかります。

「真の私たち自身」というのは、まさに潜在意識のことです。表面上の言動ではなく、心の奥の奥で考えていることが、周りの環境をつくり出すということです。心の奥底で「自分はどうせ成功できない」とみじめな自己像を描いているのであれば、貧しい環境になっていきますし、「どいつもこいつも嫌なやつばかりだ」という世界観で生きていれば、見事に周囲は嫌な人であふれてきます。そして、そういう人に限って環境を呪《のろ》ったりします。しかし、その状況は自分の潜在意識が呼び込んでいる場合が多いのです。

ですから、本当に幸福になって成功しようと思うのなら、自分の潜在意識を幸福と成功の思いで満たさねばなりません。

では、どうすれば、心の中を、そのような善《よ》き思いで満たすことができるのでしょうか。

ポイントは「実践」です。うまく愛の心を深めることができないという人は、愛の実践をしていないタイプが多いのです。

たとえば、「今度、大川隆法総裁先生の講演会があるんです。一緒に行きませんか」と誘ってみるとします。相手によっては、良い反応もあれば悪い反応もあるでしょう。たとえ断られたとしても、実践していれば「ああ、自分の徳が足りなかったからだな」「その人との人間関係を築けていなかったんだな」などと反省することができます。けれども、声をかけてみないことには、反省の材料さえ出ないのです。反省がなければ、愛の悟りも深まりません。

畳《たたみ》の上の水練と同じで、頭の中で念じているだけで愛の人になるというのは限界があります。実践すれば失敗する可能性はあります。しかし、失敗しても反省して教訓をつかむことで、愛の心を深めることができます。

もし反省ができないとすれば、実践をしていないか、あるいは志が低いかでしょう。大きな目標があっても、実践しなければ一歩もゴールに近づくことはできません。実践しても簡単にはたどり着きませんから、試行錯誤《しこうさくご》や失敗はつきものです。その結果、反省が必要になります。本気の目標があれば、必ず実践や反省が伴《ともな》うはずです。それを積み重ねていくことではじめて、心の実力が高まっていくのです。

反省ノートを活用する

具体的に、何をどう反省すればいいのでしょうか。まずは、クレームに目を向けることから始めるとよいでしょう。

大川総裁は『智慧の経営』などで「クレームは宝の山だ」と教えてくださっています。

お客様からクレームをいただくことによって、「良かれ」と思ってやっていたことが、お客様にとっては良くなかったということがわかります。これが反省の材料です。また、いただいたクレームを改善することで、「対応してくれた」という記憶がお客様の心に残ります。

社会に出ていない学生であっても、クレームに目を向けることは可能です。友人との関係で、不満に思ったり、批判したりするのもクレームに入ります。自分が言う場合もあれば、言われる場合もあるかもしれません。

言うまでもありませんが、相手を批判するだけで終わっていてはいけないでしょう。もし、他人の振る舞いによって嫌な思いをしたとしたら、それを他人事《たにんごと》で片づけず、「自分はどうだろうか。きちんとやるべきことをやっているだろうか」と振り返り、そこから智慧を得ていかねばなりません。

いずれにしても、日々、反省をして愛を深めていく習慣を築くことが大事です。反省をするなら、八正道にしたがって、気づきをノートに書いていくと効果的です。正見《しょうけん》、正思《しょうし》、正語《しょうご》、正業《しょうごう》、正命《しょうみょう》、正精進《しょうしょうじん》、正念《しょうねん》、正定《しょうじょう》の八項目を、「できたら○」「できなかったら×」とつけていくだけでも違います。

〈八正道簡単チェック〉

□正見……正しい信仰に基づき、ありのままに正しくものごとを見たか。

□正思……正しく思ったか。貪《とん》・瞋《じん》・癡《ち》・慢《まん》・疑《ぎ》・悪見《あっけん》を抱かなかったか。

□正語……正しく語ったか。嘘《うそ》や綺語《きご》、二枚舌を使わなかったか。

□正業……正しく行為をしたか。殺人や盗み、不倫やポルノへの傾倒はなかったか。

□正命……身《しん》・口《く》・意《い》の調和の取れた生活をしたか。正しく24時間を生かしたか。

□正精進……正しく仏法真理を学んでいるか。正しい努力を怠っていないか。

□正念……修行とユートピア建設に関する正しい人生計画を抱くことができるか。
□正定……正しい精神統一の時間を持っているか。

（『太陽の法』など参考）

瞑想《めいそう》から智慧を得る

智慧を得るためには「瞑想《めいそう》」という方法もあります。瞑想と言っても、その意味を正しく理解していないと〝迷走〟になりかねません。

大川総裁はこう述べています。


瞑想とは、外界からの刺激をできるだけ遮断《しゃだん》して、「自己の内なるものを見つめる。内なる自己を見つめる」という時間を取ることです。

そして、瞑想をさらに進めていくと、仏や神と対話をし、自己が溶《と》け出し

て仏や神と一体化する状態、「仏は自己であり、自己は仏である」という状態になっていきます。（中略）

そして、仏との一体感を味わうなかで、「自分」と思っていた個性の部分に、実は二種類のものがあることが分かってきます。

それはちょうど、川で砂金《さきん》と石ころを選《え》り分けるような感じです。自分というもの、あるいは、今世の数十年でつくった、自分の個性と思っているもののなかに、砂金の部分、金色《きんいろ》に光っている部分と、そうでない石ころの部分とがあるのです。

石ころの部分の自分とは何かというと、たいていの場合、肉体的感覚に基づき、肉体を自分だと認識して生きることによって、つくってきた殻《から》のことです。あるいは、肉体としての自分が生きやすいような選び方をする傾向性です。そういうものが、船の底のカキ殻《がら》のように、たくさん付着しているのです。

これを、瞑想のなかで選り分けていかなければなりません。真実の砂金の部分とそうでない部分を分けていくのです。

その選り分ける作業をしていくと、「仏と我《われ》、我と仏」という関係だけではなく、我なるものと、我以外の、この世に生きとし生けるものとの関係が、次第しだいに分かってきます。

すなわち、地上には、数億、数十億の人々が、さまざまな好き嫌いを持ち、それぞれ個性的に生きていますが、そういう他の人間のなかに宿っている砂金の部分、金色《こんじき》に光っている部分が見えてくるのです。

自分の内にある砂金の部分、金色の部分を発見できない人は、他の人のなかにある砂金の部分を発見することは難しいのです。瞑想のなかで、自分の内にある純金の部分を発見した人は、その同じ目によって、他の人の心のなか、個性のなかにある、金の部分、金色に光っている部分が見えてくるのです。

そして、「純金性という点において、自と他がつながっている」ということも見えてきます。さらに、「純金性という点において、自分と仏もつながっていて、仏と他の人もつながっている」という世界が見えてきます。

したがって、「何もかもを、この世的に同じに扱う」という意味での平等性や、結果平等における民主主義的な考え方とは違った意味での、平等性が見えてくるのです。それぞれの人のなかに宿っている純金の部分、他の人のなかにある金色《きんいろ》の部分が見えてきて、「金としての性質を持っている」という点における同質性、平等性が見え、「平等性智《びょうどうしょうち》」が目覚めてくるわけです。

『大悟の法』227〜231ページ

「瞑想とは頭で考えるのではなく、腹で考えること」とも言えます。仏教では「識《しき》と般若《はんにゃ》」とも言いますが、「識」とは、頭で理性的に考えているもののことです。頭で考えているときというのは、どうしても心は波立ちます。一方、「般若」と言って、頭ではなく腹、つまり悟性で考えているときは、揺れないのです。非常に感覚的な言い方ではありますが、反省や瞑想をしていき、呼吸法を中心に心の波立ちを静めていくと、だんだん、腹で考えているような感じになります。「腹で考える」と言われると変だなと思うかもしれないですが、要するに、頭でいろいろな理論や条件から判断をせずに、「仏とつながった部分」「他人とつながった部分」で考えている状態です。

私も人前で話をするときには、「自分は今、なんでこんな話をしているのだろう」と客観的に思っている自分がいます。自分が話しているはずなのですが、自分じゃない人が話しているように感じることがあります。話の前に、「聴いてくださる皆様に必要な光を届けられますように」「必要な知識をお伝えできますように」と、瞑想し、お祈りをしているために、自分でも思ってもみないような話が口をついて出ることがあるのです。

瞑想の際に気をつけたいことは、「何も考えずに漂うことが瞑想ではない」ということです。学生であれば、勉強で目指している境地があるかもしれません。その境地に行くためにはどうやって勉強を進めるべきか、どうすればもっと効率的に時間を使えるか。そういったことを、お腹の底のところで考えるのです。

また、「無念無想禅《むねんむそうぜん》」もありますが、心に曇《くも》りのない状態にして行わないと、悪しき存在に〝導かれて〟しまいます。「自分が、自分が」という思いを止めることが、無念無想禅の目的です。したがって、むやみやたらと〝無念無想〟で漂わず、正しく八正道を行い、正しい誘導のもとで実修するべきです。

悪霊・悪魔の甘言《かんげん》に惑わされないために

反省や瞑想をして自分をつくっていくことをお伝えしてきましたが、こうして霊的自己を探究していく際には注意点があります。

反省や瞑想を通して心がピカピカになると、人によっては、霊的な感覚が鋭くなってきて、霊的存在の声が聞こえたり感じたりするようになる場合があります。

それが天上界からくるインスピレーションであればよいのですが、そうではないもの、つまり悪霊・悪魔のささやきである場合もあります。その区別がつかないと、悪霊や悪魔のそそのかしに翻弄《ほんろう》されてしまうこともあります。したがって、霊的現象が起き始めたら、一層、主体的に心を統御しないとおかしくなってしまうでしょう。

特に気をつけるべきは、天使に見せかけた悪魔の声です。

悪魔は、「きみには偉大な使命がある」「きみは立派になるべき人だ」などと自尊心をくすぐったり、本人にとって耳触《みみざわ》りの良いことを言ったりしてそそのかします。一方、守護霊・指導霊の導きとは、本人が努力に努力を重ねていたら、何か一滴分のインスピレーションを降ろすという程度のものです。

「きみには偉大な過去世がある」などという声が聞こえたら、きっと、うれしいでしょう。けれども、それに見合う実力が本当にあるのかということは、本人が一番よくわかっているのではないでしょうか。勉強に勉強を重ね、いろいろな経験をし、失敗・成功を繰り返しながら、人間は大きくなっていくものです。仮に、あなたの過去世が名のある偉人だったとしても、今世、努力を重ねないと成長できないことに例外はありません。

やはり努力を重ね、立派な仕事をし、「社会貢献をしていきたい」と思っているところにはじめて、導きはくるのです。

また、瞑想していてうまくいかないときには、無理に続けなくてもよいでしょう。霊的な言葉が聞こえたとしても、相手が悪霊の可能性があります。宗教修行を重ねると霊的アンテナの感度が良くなりますが、それを逆利用されることもあるからです。

本当に守護霊や指導霊のお導きであれば、わかりやすく明確なインスピレーションはなかなか降ろさないものです。ソクラテスであっても、守護霊ダイモンは、「これをしろ」とは言わずに、「これをしてはいけない」とだけ指導したと言われています。私の経験した限りでは、「胸が熱くなってくる」など、何らかのシグナルを感じ、「ああ、このやり方で間違っていないことを教えてくれているのかな」と直感として感じる程度です。それも、一生懸命に努力に努力を重ねている上で瞑想を深めていった場合です。

そうではないのに、「あなたは偉大な魂の生まれ変わりだ」とか、「あなたには大きな使命がある」などと具体的に甘言《かんげん》をささやいてくるものは基本的に高級霊ではないので、信じてはいけません。

悪魔との対決

私自身、悪霊・悪魔と対決することがあります。悪魔がきて三時間、四時間と苦しめられたこともあります。

あるとき、祈ったり、修法「エル・カンターレ　ファイト」★をしたり、御法話CDをかけたり、さまざまに手を打っても悪魔は帰らず、「どうしてなんだろう」

★エル・カンターレ　ファイト……幸福の科学における悪魔祓いの修法。幸福の科学の三帰信者向け経典『祈願文①』に「悪霊撃退の祈り」として収められている。

と考えに考え、自分の非力さを感じました。

「もう駄目だ」と思ったとき、一言、ぽつんとインスピレーションが降りてきました。それは、「正心法語を唱《とな》えよ」というものでした。「正心法語を唱えるだけで本当に効くのだろうか」と半信半疑でしたが、「正心法語」を上げさせていただいたら、本当に悪魔が帰っていったのです。

そのとき、「ああ、私は信じていなかったんだ」ということがわかりました。主は、どんなときも臨在《りんざい》されていて、私たちが苦しんでいるときも常に側にいてくださっているということを、私は、本当には信じていなかったのです。『仏説・正心法語』の経文《きょうもん》の言葉が、主ご自身であり、主につながる電話なのだと思っていなかったのです。

この経験から、私は『仏説・正心法語』という経文そのものが主であり、尊いものだということを知りました。単に、はじめから「正心法語を唱えよ」と言われて唱えて、すぐに悪魔が帰っていたら、きっとわからなかったと思います。三

★「真理の言葉　正心法語」……幸福の科学の根本の経文のこと。『仏説・正心法語』（三帰誓願者限定）と『入会版「正心法語」』（入会者限定）に収められている。

時間も四時間も戦い苦しんだからこそ、主からいただいた経文の威力が身に染みたのです。

霊的な存在というのは目に見えないため、信じることでつながっていくしかありません。でも、私たちが求めていれば、天上界の霊人たちは必ず、求めに対して答えを与えてくださいます。

したがって、大きな志を持ち、夢と目標を持ち、「失敗し、経験値を積むことも大事なのだ」と思って毎日を過ごしてください。経験値を上げ、より深い反省をし、自分の魂の傾向性を発見するきっかけをつかんでいくことにチャレンジしてください。

魂の個性とは、輝きです。その強みがあるからこそ、失敗することもあります。でも、それが自分の個性なのだとわかったときに、次の手がまた打てるようになってきます。

いろいろと述べてきましたが、経営で成功するには、さまざまな知識や経験を蓄積していくことが大切ですが、最終的には「いかに自分の心を統御するか」に尽きます。

怠《なま》け心と戦って日々努力できるか。逆境にあって折れない心があるか。順境にあって慢心しないでいられるか。思い通りに動かない他の人に腹を立てたりしないか。地位や名誉やお金に対する欲望に振り回されないでいられるか。万一、心が揺れてしまって間違った言動を取ったなら、即座に反省して軌道修正を図ることができるか。厳しい現実にあって夢や希望を失わないたくましい心を維持できるか。天使のささやきと悪魔のそそのかしを峻別《しゅんべつ》する智慧を磨いて、日々、己心の魔に打ち克てるか。

だからこそ、毎日が勝負です。同業他社のライバルに勝つ前に、自分自身と戦って勝ち抜くことが大事です。いかなるときも自分の心を治め得たという自信が、未来を拓きます。その意味で、真の経営資源とは、自分自身の心にほかならないのだということを知っていただければ幸いです。

コラム④　リアルな眼《め》を持ち夢を実現せよ

Question

在学中に起業する人の持つべき心構えについてお教えいただければ幸いです。

Answer

まずは、世の中にありそうでないもの、「こういうものがあったら便利だろうな」「こういうものが必要だろうな」というところから起業していくのが良いと思います。すでに存在するもので、「自分がやればもっと良いサービスを提供できる」と考えて起業することもあるでしょうが、すでにある業種においては、「後発《こうはつ》のものが、果たしてその競争に本当に勝てるのか」という厳しい戦いに入っていきます。したがって、やはり個人としては、「より良いものを提供したい」とか、「この道を究《きわ》めたい」と思うところを深めていく、という考え方を取るべきでしょう。

つまり、漠然《ばくぜん》と経営者になりたいから起業するというよりも、「これがやりたいのだ」というものがあって経営していくのが筋《すじ》だと思います。「こういうサービスが世の中にないから、自分はつくっていきたい」「こういうニーズがあり、自分はこれが得意で好きだから、この道を究めたい」と思うところから始まっていきます。

そして、その道を究めていくために、同業の方をはじめ、さまざまな人の考え方ややり方を学んでいこう、知っていこうとする心の広さが大事になってくるのです。

その際に、自分の夢の実現具合を、年代を区切って把握していくことを勧めます。

一つの夢を何十年も把持《はじ》していくのもよいのですが、たとえば三年、五年とある程度年代を区切って、自分の思い描いている成功がどのくらい実現できているかを検証するのです。検証してみた結果、もし順調でないのであれば、計画の立て直しもできますし、転身を図ることも一つの道です。

二〇代、三〇代のうちはまだまだたくさん時間があるように思うかもしれませんが、そのまま四〇代、五〇代になって、「さて新しいことをしようか」と言っても、時間は限られてきます。そのため、自分の成長度合いを三年や五年単位で区切って考えるというリアリスティックな見方も必要です。

一方、心根《こころね》としては、多くの人に対して聞く耳を持ち、さまざまな意見を吸収し、それを現実に展開していけるような自分づくりが大切です。特に、人間関係力を鍛《きた》えていくことは、皆様がどんな仕事をするにせよ必ず役に立つと思います。

若い方には少々厳しい言い方になりますが、学生時代に思い描いたことは、なかなかそのまま現実にはなっていきません。世の中にはいろいろな軛《くびき》があります。勉強し、いざやろうと思っても「こういう規制があるからできない」などということの繰り返しになるでしょう。

だからこそ、夢をあきらめないための心の強さが「力」になってきます。「このやり方ではできない」とわかったときに自分の心を立ち直らせていく力、忍耐《にんたい》力がとても大事です。そして、これはやはり信仰心や仏法真理を学ぶことによって補強されていくものです。

夢が大きければ大きいほど、現実とのギャップも大きいものです。強い情熱がなければできないでしょう。そのギャップを埋めるだけの精進力と忍耐力が自分にあるのかということをリアリスティックな眼《め》で見ていかねばなりません。

特に、学生の皆様は、ご両親が学費や生活費を出してくださっている方が多いでしょうが、いずれ、自立の道を選ばねばならないときがきます。やはり、夢への情熱とリアリスティックな眼の両方が要るのです。

心の原理からすれば、夢は追い求めるべきものでしょう。ただし、あなたのその夢が、多くの人からの信任を受けるものであるのか。それとも、特定の人からしか信任を受けないものであるのか。それは、どこかの時点で見極めて次の道へ行くというくらいの柔軟《じゅうなん》さも持っていてほしいと願います。

参考書籍

大川隆法『発展思考』幸福の科学出版
大川隆法『信仰と愛』幸福の科学出版
大川隆法『常勝の法』幸福の科学出版
大川隆法『Think Big!』幸福の科学出版
大川隆法『成功の法』幸福の科学出版
大川隆法『繁栄思考』幸福の科学出版
大川隆法『経営戦略の転換点』幸福の科学出版
大川隆法『伝道の原点』幸福の科学
大川隆法『経営入門』幸福の科学出版
大川隆法『智慧の経営』幸福の科学出版
大川隆法『太陽の法』幸福の科学出版

大川隆法『大悟の法』幸福の科学出版
ジェームズ・アレン『「原因」と「結果」の法則』サンマーク出版
ジェームズ・アレン『「原因」と「結果」の法則②』サンマーク出版
ナポレオン・ヒル『成功哲学』産業能率大学出版部
ノーマン・V・ピール『積極的考え方の力』ダイヤモンド社
渡邉和哉監修・編著、村上俊樹編著『HSUテキスト16 経営成功総論Ⅱ（下）』HSU出版会

おわりに

本書を執筆中、大川隆法総裁は「零細・中小企業に働く者の心構え」という法話をされました。

「まっすぐな人材、真面目《まじめ》な人材でなければ、リーダーになるべきではない。逆に言えば、リーダーになりたいと思っている人は、裏表なく、誠実に仕事をする人間になっていただきたい。

厳しさに耐え、自分自身を鍛《きた》えつつも、まっすぐに伸びる人材になっていくことが大事である」

この言葉に、「経営成功」の鍵が隠されていると感じます。

「能力が高い＝経営ができる」というわけではありません。経営ノウハウを知っていても、成功するわけではありません。経営の成功に最も必要なのは、やはり、「成功する考え方」と、そのもとにある「純粋な志」です。逆境にあってまっすぐさを失わない心です。

ぜひ、多くの人の幸福につながるような仕事に情熱を燃やし、努力し続ける人であってください。

また、経営成功学に興味を持たれた方には、体系的に学べるテキストを用意していますので、お手に取っていただければ幸いです。(『HSUテキスト15 経営成功総論Ⅱ(上)』『HSUテキスト16 経営成功総論Ⅱ(下)』など)

本書を読んだ一人ひとりが、「経営成功学」の実証者になっていただければありがたいと願っています。

二〇一九年十月一日　幸福の科学学園 理事長　渡邉和哉

著者＝渡邉和哉（わたなべ・かずや）
1957年東京都出身。東京都立大学経済学部卒業。1981年、野村證券投資信託販売株式会社(現・三菱UFJモルガン・スタンレー証券株式会社)に入社。法人営業部で上場企業等を担当し、1994年に幸福の科学に奉職。事務局長、活動推進局長、東京指導研修局長、精舎活動推進局長、財務局長、理事長、精舎館長等を歴任。現在、幸福の科学学園理事長。共編著書に『HSUテキスト15 経営成功総論Ⅱ(上)』『HSUテキスト16 経営成功総論Ⅱ(下)』、監修に『ＨＳＵ――その限りなき可能性』（いずれもHSU出版会）がある。

志の経営

2019年 10 月 18 日　初版第 1 刷

著者　渡邉 和哉

発行　HSU出版会
〒 299-4325 千葉県長生郡長生村一松丙 4427-1
TEL（0475）32-7807

発売　幸福の科学出版株式会社
〒 107-0052　東京都港区赤坂 2 丁目 10 番 14 号
TEL（03）5573-7700
https://www.irhpress.co.jp/

印刷・製本　中央精版印刷株式会社

落丁・乱丁本はおとりかえいたします

ISBN:978-4-8233-0114-8 C0037

経営成功の重要論点
を完全網羅

HSU経営成功学部テキスト

HSUテキスト3

経営成功学入門

原田尚彦・石見泰介 編著

経営者・経営幹部を目指す人がはじめにおさえるべきポイントが詰め込まれた一冊。

HSUテキスト9

幸福の科学成功論

石見泰介 編著

心のコントロール法から仕事の方法、人間関係論まで、15の成功論点に体系化。

HSUテキスト17

一倉定の経営論——経営成功特論

村上俊樹 著

幸福の科学教学と一倉経営学のエッセンスから、中小企業を発展させ、倒産を防ぐ智慧を学ぶ。

HSUテキスト20

松下幸之助の経営論——経営成功特論

石見泰介 編著

中小企業から大企業へ。発展に合わせて変わっていく成功哲学を身につける。

HSUテキスト21

ピーター・ドラッカーの経営論
——経営成功特論

原田尚彦 編著

大企業をマネジメントするためのエッセンスがここに。

いずれも1,500円（税別）／ＨＳＵ出版会刊

学部のご案内

人間幸福学部

人間学を学び、新時代を切り拓くリーダーとなる

人間の本質と真実の幸福について深く探究し、
高い語学力や国際教養を身につけ、人類の幸福に貢献する
新時代のリーダーを目指します。

※2019年4月より国際人養成短期課程を新設しています。(2年制)

経営成功学部

企業や国家の繁栄を実現する、起業家精神あふれる人材となる

企業と社会を繁栄に導くビジネスリーダー・真理経営者や、
国家と世界の発展に貢献する
起業家精神あふれる人材を輩出します。

未来産業学部

新文明の源流を創造するチャレンジャーとなる

未来産業の基礎となる理系科目を幅広く修得し、
新たな産業を起こす創造力と起業家精神を磨き、
未来文明の源流を開拓します。

※2年制の短期特進課程も並設しています。

未来創造学部

時代を変え、未来を創る主役となる

政治家やジャーナリスト、ライター、俳優・タレントなどのスター、
映画監督・脚本家などのクリエーターを目指し、国家や世界の発展、
幸福化に貢献できるマクロ的影響力を持った徳ある人材を育てます。

※キャンパスは東京都江東区(東西線東陽町駅近く)の「HSU未来創造・東京キャンパス」がメインとなります(4年制の1年次は千葉です)。
※2年制の短期特進課程も並設しています。

入会のご案内

あなたも、幸福の科学に集い、ほんとうの幸福を見つけてみませんか？

幸福の科学では、大川隆法総裁が説く仏法真理をもとに、
「どうすれば幸福になれるのか、また、
他の人を幸福にできるのか」を学び、実践しています。

入会

大川隆法総裁の教えを信じ、学ぼうとする方なら、どなたでも入会できます。入会された方には、『入会版「正心法語」』が授与されます。（入会の奉納は1,000円目安です）

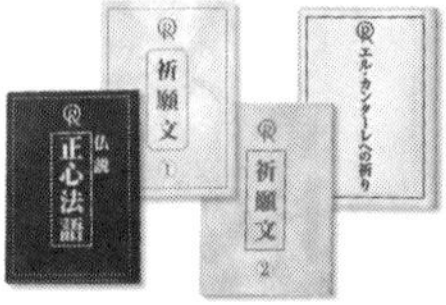

三帰《さんき》誓願《せいがん》

仏弟子としてさらに信仰を深めたい方は、仏・法・僧の三宝への帰依を誓う「三帰誓願式」を受けることができます。三帰誓願者には、『仏説・正心法語』『祈願文①』『祈願文②』『エル・カンターレへの祈り』が授与されます。

ネットからも入会できます

ネット入会すると、ネット上にマイページが開設され、
マイページを通して入会後の信仰生活をサポートします。

ネット入会すると……

●入会版『正心法語』が、ダウンロードできる。
●毎月の幸福の科学の活動トピックが動画で観れる。

01 幸福の科学の入会案内ページにアクセス

happy-science.jp/joinus

02 申込画面で必要事項を入力

※初回のみ1,000円目安の植福（布施）が必要となります。

INFORMATION

幸福の科学サービスセンター
TEL. **03-5793-1727**（受付時間 火〜金：10〜20時／土・日・祝日：10〜18時）
幸福の科学 公式サイト **happy-science.jp**